民衆対陸軍

——太平洋戦争の原因は「**民衆の台頭**」だ！

前田啓一 著

学術研究出版

まえがき

本書は日露戦争終結から太平洋戦争突入に至る日本の歴史を「民衆」と「陸軍」をキーワードとして描いている。「民衆」に着目したのは「民衆の台頭」が二〇世紀の世界史を貫く太い潮流と思えるからである。世界的に民主主義が広がり、民族自決により多くの独立国家が誕生した。これらをまとめて筆者は「民衆の台頭」と呼んでいる。

わが国も「民衆の台頭」のなかにあり、日比谷焼き打ち事件、米騒動などの事件が起きた。「社会主義」と「議会主義」も一定の広がりをみせた。しかし「軍国主義」がこれらを圧倒し、わが国は日中戦争、太平洋戦争へと突き進む。このような事象に沿って本書は展開するが、筆者はこの歴史を推し進めた根源的な力もまた「民衆の台頭」ではないかと考えている。軍国主義の背景に「民衆の台頭」への恐怖があった。

ここで注意したいのは、戦前の日本の「民衆」は今日の「民衆」と大きく異なるという事実である。私たちは民主主義と平和主義を両輪とする日本国憲法のもとで暮らしている。これに対し戦前は教育勅語が社会の大枠を決めた。国民はみな天皇の臣民と位置づけられ、民主主義や人権の発想は非常に希薄であった。

戦争の意味も異なる。私たちにとり戦争とは太平洋戦争である。あの悲惨な結末があったからこそ平和主義がある。これに対し戦前の「民衆」はこの結末を知らない。人々にとり戦争とは日清戦争と日露戦争であった。戦勝により領土が広がり、わが国の国際的地位も高まった。このため戦前の「民衆」にとり戦争は今日イメージされるほどの「悪」ではなかった。

本書の副題「太平洋戦争の原因は『民衆の台頭』だ！」を不可解に思われる読者も多いだろう。しかし、右に留意しながら読んでいただくと、筆者の意図をご理解いただけると思う。

本書には先行の拙著があり、それは本年二月に発行した『明治サムライ時代論』である。明治時代の指導者たちは江戸時代以前から受け継いだ「サムライ精神」に基づいて行動し、この精神は昭和の「軍国主義」の源流となった。そのため同書も併せて読んでいただくと、本書をより深くご理解いただけると思う。

本書が成るにあたり学術研究出版の湯川祥史郎氏、黒田貴子さんにお世話になった。ここに記し、厚く御礼申し上げたい。

二〇二三年五月　　　筆者

民衆 対 陸軍　目次

〈記述上の留意点〉

・文中の引用は、原文を尊重しつつ、必要に応じ漢字、仮名遣いなどを改めた。
・引用文中の［　］内は筆者による加筆である。
・引用文中の「……中略……」は筆者による省略である。
・元号は明治元年から太平洋戦争終了までの時期に補助的に付記し、それ以外は表示していない。
・振り仮名は諸文献、インターネット上の情報などに基づき一般的と思われるものを採用したが、確たる根拠が見当たらない場合でも推量により付し、読みやすくした。

序章
「神がかり」と「民衆の台頭」

竹山道雄の「神がかり」と「痴呆」

太平洋戦争の終結から十年後の一九五五年（昭和三〇）、小説『ビルマの竪琴《たてごと》』で知られる竹山道雄《たけやまみちお》が「昭和の精神史」という評論を発表した。竹山は一九〇三年（明治三六）に生まれ、終戦のとき四二歳であった。ヒューマニズムの立場から左右の全体主義を批判し、一九三〇年代の世相を次のように描いている。中公クラシックス『昭和の精神史』による。

「軍人は天皇を崇拝し、日本刀を下げ、神がかりの古代の言葉をあやつった。陰謀と暗殺は相ついだ。いつのまにか、異様な歴史色がひろがってわれわれをおどろかせ訝《いぶか》らせた。荒木《あらき》〔貞夫《さだお》〕将軍は『日本は軍事的には細戈千足《くわしほこちたる》の国、産業的には豊葦原《とよあしはら》の瑞穂《みずほ》の国、外交的には浦安《うらやす》の国』であると説いて、若い軍人に霊感を吹きこんだ。そして、ついにはかくして自分が呼び出した霊どもの力を自分で制御できなくなって、むかしの物語にある魔法使いの弟子とおなじことになってしまった。いよいよ危機が切迫してどうにも打開がむつかしくなってからは、痴呆的《ちほうてき》な原始古代の様式が世を風靡《ふうび》した」

「細戈千足」「豊蘆原の瑞穂」「浦安」はわが国をたたえる古い言葉で、それぞれ「精巧な武器が十分に備わった」「アシが豊かに茂り、稲穂がみずみずしく実る」「平安な」の意である。竹山によると一九三〇年代から神がかった雰囲気が世に広がり、これが太平洋戦争につながる。

「あのように合理的にはまったく無意味なことが、情勢の苛烈化にともなって国民全体の主観の中に高い価値としてうかびあがった。あのようなことがどうして現代におこりえたのだろう？　すべては前近代的なものが復活して支配したからではなかったろうか？　この印象が圧倒的だったから、あの近代戦〔太平洋戦争〕は古代人がしたものだ、と思われている」

わが国は圧倒的な国力をもつ米国と戦い、敗れ去った。少し冷静に考えれば敗北は必至で、無謀な戦いであった。しかし、真珠湾攻撃によりわが国から戦端を開き、この背景に「古代の神がかり」があったと竹山は言いたいのだろう。

「民衆の台頭」も太平洋戦争の開戦を後押しした

合理性を欠く戦いであったが、陸海の将軍たちや諸大臣、天皇が何度も会議を重ねた末に開戦に踏み切った。偶然に生じた戦争ではなく、国民の多くもまた開戦を支持した。覚悟のうえでの戦争であった。

開戦の理由は今なお大きな論点で、さまざまな要因が指摘される。日中戦争における行き詰まりの打開、ドイツの快進撃への便乗、米国の強硬姿勢への反発などが挙げられる。竹山はこれに「神がかり」を加えた。

何か一つの決定的な要因があったわけではなく、さまざまな要因が複合的に作用したのだろう。指導者たちそれぞれに立場が異なり、打算も働いただろう。これらが交じり合うところに諸外国の思わくも重なった。一人ひとりの力では動かしようのない大きな流れが形作られ、人々はこれに押し流されたのかもしれない。いかなる高い地位を占めようとも、集団全体が一つの方向になだれを打つとき、一人や二人の力で押し止めることはできない。これが竹山に「痴呆的な原始古代の様式」という印象を抱かせたのかもしれない。

それにしても「痴呆」という言葉がもし当てはまるなら、論理を超えた領域に入る。開戦理由を探っても報われず、むなしい努力のようにも思えてくる。しかし、満州事変から太平洋戦争にかけての足かけ十五年はわが国にとり不名誉な時代であり、私たちはこれからも責任を問われ、説明を求められるだろう。ずっと向き合わなければならないのだ。

この説明を考えるにあたり「神がかり」が一つの手がかりになると筆者はみており、これに「民衆の台頭」を加えたい。「民衆の台頭」は二〇世紀の世界史を貫く現象であり、同時に太平洋戦争への流れを大きく規定したと筆者は考えている。

結論を先取りすると、わが国の指導層は「民衆の台頭」を恐れに恐れ、これが「神がかり」の推進力となり、無残な敗戦につながったと考えている。

民主主義や民族自決による「民衆の台頭」

「民衆の台頭」という言葉に筆者は二つの意味を込めており、一つは「民衆の発言力や影響力の増大」、もう一つは「民族自決」である。

前者は民主主義や社会主義の形をとった。民主主義は十八世紀後半に生じた米国の独立、フランス革命に始まり、二〇世紀に世界に広がった。第一次世界大戦、第二次世界大戦の後、いくつもの国が民主的な政治体制に移行した。二〇世紀の末期に東欧諸国が民主化され、ソビエト連邦（ソ連）も解体された。

「民族自決」は、各民族が他民族の支配を受けることなく自立し、自らを統治する原則である。第一次世界大戦の前、アジア、アフリカ、東欧など世界中に植民地が存在し、多くの民族が他の民族に支配された。「民族自決」はこの異民族支配を覆し、二つの世界大戦を経て、数多くの独立国家が誕生した。

民族自決に必ず民主主義が伴うわけではない。民族自決は実現したものの民衆の権利は制限されたままの国が数多く存在する。しかし、異民族支配はある民族全体が他の民族に支配される状態であり、これからの脱却は民族という一かたまりの「民衆」が自由を得たとみてよいだろう。この意味で筆者は民族自決を「民衆の台頭」に含めている。

話を戻して「民主主義や社会主義の形をとった」と述べた。民主主義が「民衆の発言力や影響力の増大」であることに異論はないだろう。しかし「社会主義」の国家は一般に抑圧的で、民主主義と同列に論じることを奇異に思う読者も多いに違いない。

これには歴史的な背景があり、社会主義の抑圧的な性格が明らかになる以前、社会主義のもとでこそ真の民主主義が実現すると期待された。資本主義のもとで貧富の差が激しい時期、この主張は強い説得力をもち、わが国では二〇世紀初めから社会主義が静かに広がった。敗戦後も社会主義を掲げる政党が支持を集めた。この経緯から本書では社会主義も「民衆の台頭」の一つとする。

一章

日比谷焼き打ち事件

日露戦争の講和に国民的な反対

二〇世紀初頭、わが国最大の出来事は日露戦争であった。朝鮮半島の支配権をめぐってロシアと戦い、一九〇五年（明治三八）九月に日露講和条約（ポーツマス条約）が調印され、終戦となった。

わが国の勝ち戦《いくさ》であった。大国ロシアを圧倒したのだから、国民こぞって条約締結を祝いそうなものである。ところが事実は正反対で「日比谷焼き打ち事件」と呼ばれる大規模な騒乱が東京で生じた。そして、この騒乱はわが国における「民衆の台頭」を告げる出来事でもあった。

発端は皇居南方の日比谷公園で開かれた集会である。『明治ニュース事典』に収録された国民新聞の記事によると、調印当日の九月五日、講和条約に反対する民衆が続々と日比谷公園に集まった。治安当局は集会の禁止を言い渡していたが、民衆は警官の制止を振り払い、公園内に乱入した。同記事は次のように報じている。

「やがて一時ごろ、正門方面において警官と会衆との間に衝突起こりたるを導火に、狂燥《きょうそう》せる群衆は柵を破り、鯨波《とき》を揚げて園内に突入し、警官および会衆に数名の負傷者を出だすに至れり」

この後「国民大会」が開かれ、講和条約の締結に反対し、戦争継続を求める決議が採択された。決議文は条約を「屈辱条約」と非難し、わが軍に「敵軍を粉砕せんことを熱望」した。

決議文の採択により「国民大会」は終了した。しかし民衆は収まらず「一団、二団と別れて各方面に向かいて示威運動」を行った。そして一部はこの記事を報じた国民新聞社に向かった。この新聞は保守派の言論人として知られた徳富蘇峰《とくとみそほう》が主宰し、政府寄りであった。講和条約にも支持を表明していた。

「日比谷焼き打ち事件」で戒厳令が敷かれた

国民新聞は次のように民衆の来襲を報じている。

「〔午後〕二時二〇分、喊声《かんせい》〔叫び声〕はまず出雲町《いずもちょう》通りの本社倉庫前に挙げられぬ……中略……一面の道路、ただ人の頭をもって埋めらるるのみ、左右に交差せる道路に至っては、その数いくばくなるを知らず」

「出雲町」は今の銀座七、八丁目あたりで、日比谷公園からほど近い。民衆は「その勢五千をもって数うべく」という多数で、やがて「入口に殺到し」「一部は事務所に闖入《ちんにゅう》せんとしたり」。

国民新聞の社員たちは素手で対抗したが、「暴徒の中には凶器を携うるものあり、棍棒《こんぼう》を携うるものあり」という状態で、社員二名、支援に駆けつけた市民一名が負傷した。警官隊が到着して沈静化し、午後三時半までに群衆は退散した。同社ビルの窓ガラスやドアはほとんど破壊された。

民衆はさらに同じ九月五日、警察を管轄する内務大臣の官舎に押し寄せた。時事新報によると「瓦礫《がれき》を投じて正門を破壊し、窓戸を突き硝子《ガラス》を粉砕し、制止の警官四名ために負傷せり」との乱暴を働いた。警官隊はついに剣を抜き、群衆に切りかかった。群衆はこれに怒ってさらに激しく投石し、ひるんだ警官隊は官舎内に退散した。隣接の民間家屋に火が放たれ、炎に包まれた家屋に向かって「幾万の民衆は、一斉に万歳を大呼」したという。

騒動は東京市内一円に広がった。鎮圧に当たった警察が主な標的となり、『日本史大事典』によると市内二つの警察署、多数の分署、派出所、交番が焼き打ちに遭った。

翌九月六日も騒乱は続き、政府は同日深夜、憲法に基づいて東京市と周辺五郡に戒厳令《かいげんれい》を敷いた。軍隊の威圧により秩序を維持する措置で、軍事目的の「軍事戒厳」、国内の治安維持を目的とする「行政戒厳」の二つがあった。軍事戒厳は日清、日露の両戦争で発動され、以後例がない。行政戒厳はこの事件、関東大震災、二・二六事件の三度あり、この事実からも「日比谷焼き打ち事件」の重大性がよく分かる。

戒厳令のもと言論統制、新聞・雑誌の発行停止などが行われ、騒動は十一月末に終息した。『日本史大事典』によると死者十七名、負傷者、検束者ともにおよそ二千名に上った。三一一名が起訴され、八七名が有罪判決を受けた。その多くは職工《しょっこう》（工場労働者）、人足《にんそく》（力仕事の労働者）、車夫《しゃふ》（人力車を引く者）などの都市民衆であった。

陸軍の継戦能力は限界に達していた

この大事件の背景にわが国陸軍の継戦能力があった。陸軍は一九〇五年（明治三八）三月に遼東半島北方の奉天会戦で勝利し、戦況の上では有利であった。しかし継戦能力が限界に近づき、『日本外交史概説』は次のように記している。

「ロシア側が次第に兵力を回復するとともに戦場が拡大し、日本の補給路が延長され、日本軍は武器、弾薬の欠乏、兵員の不足に悩まなければならなかった。したがって、日本国内では『勝った、勝った』の号外が飛びかうありさまであったのにもかかわらず、奉天会戦もロシア軍の退却を目前にしながらこれを追い討ちできぬ状態であった」

陸軍は戦争の終結を望み、桂太郎《かつらたろう》内閣は日本海海戦（一九〇五年五月）での大勝を好機とみて米国に調停を依頼した。

わが国から講和を求めたため、多くは要求できない。『世界史の中の日露戦争』によると、政府は朝鮮におけるわが国の支配権の承認、ロシアが遼東半島に保有した関東州租借地の権利譲渡などを「絶対的必要条件」とする一方、賠償金の請求、サハリン（樺太《からふと》）の割譲などは一段低い「比較的必要条件」

とした。わが国は十年前に日清戦争に勝ち、台湾の支配権、巨額の賠償金などを獲得した。これに比べはるかに控えめな要求であった。

この内情であったが、継戦能力の減退は政府部内の極秘事項で、公にされなかった。国民は奉天や日本海での勝利に酔ったまま日清戦争のような賠償金と広い領土を夢みた。

日露戦争前に七人の学者が政府に開戦を促し、七博士《しちはかせ》と呼ばれた。『明治ニュース事典』に収録された新聞『日本《にっぽん》』の記事によると、七博士は賠償金として三〇億円を要求し、これは日清戦争の十倍近い巨額であった。領土については樺太全島のみならず、カムチャッカ半島、北海道の対岸の沿海州まで求めた。

一方、ロシアは講和が整わなければ再び戦う構えであった。ウィッテ全権は交渉前の八月七日、大阪毎日新聞のカール・オラフリン特派員に「戦場には幾多の軍隊が増遣《ぞうけん》〔増派〕され、軍需品の供給は規則正しく輸送されたり。実に我が満州軍は、今やかつてあらざりし好位地にあり」と語り、戦力に自信をのぞかせた。

米国北東部のポーツマス市で八月十日から交渉が始まり、陸軍の優位を背景にロシアはわが国の要求をはねつけた。オラフリンが伝えたところでは、ロシア側のマルテンス博士は「露国はいまだかつて償金を他国に支払いたることなし」と語り、賠償金の支払いをきっぱり拒否した。交渉終盤にはウィッテがロシア皇帝から「屈辱的譲歩をなすよりはむしろ談判を破裂して戦争を欲す」との詔勅を受け取った。

新聞は筆をそろえて講和条約に反対した

一九〇五年（明治三八）九月五日に日露講和条約（ポーツマス条約）が調印された。その内容は、朝鮮における日本の優越の承認、関東州租借地ならびに南満州鉄道の権利譲渡、樺太島の南半分の割譲などであった。右でみた「絶対的必要条件」は達成されたが、「比較的必要条件」は部分的に満たされ、賠償金は皆無であった。七博士の要求には遠く及ばなかった。

陸軍部隊の充実を背景としてロシア側がわが国を寄り切った形だが、報道機関も国民も継戦能力の減退を知らない。交渉大詰めの九月に入ると新聞各紙は盛んに講和反対を唱えた。講和支持は襲撃された国民新聞などごく一部であった。

『明治ニュース事典』によると、大阪毎日新聞は同月一日「連勝かくのごとき戦争古来これなく、屈譲かくのごとき講和古来これなし」と政府の弱腰を非難した。わが国は日清戦争後、ロシア、フランス、ドイツの圧力に折れて遼東半島の領有を断念したが、同紙は「三国の干渉を受けたる結果よりも大いに劣れり。アアこれなんたる奇現象ぞ」と嘆いた。

大阪朝日新聞は同じ一日に天皇あての論説を掲載し「〔条約の〕破棄を命じ、閣僚を更迭し、さらに賢良に命じて内閣を組織せしめ、重ねて軍人に命ずるに進戦をもってしたまわんことを」と懇請した。条約締結を見送り、新内閣のもとで戦争を続けるよう天皇に求めたわけである。なお毎日新聞も朝日新聞も以前は東京と大阪の二本社体制であった。

小村寿太郎

左派系新聞の万朝報《よろずちょうほう》は、小村寿太郎《こむらじゅたろう》外務大臣が帰国しても、歓迎などせず、弔旗《ちょうき》（死者への弔意を示す旗）を掲げ、家の中に閉じこもれと人々に呼びかけた。

険悪な空気のなか調印の運びとなり、前述のとおり、講和反対の国民大会が一九〇五年九月五日に日比谷公園で開かれた。大会の座長は衆議院議員の河野広中《こうのひろなか》で、政界の重鎮の一人であった。これも代議士で後に閣僚を務める小川平吉《おがわへいきち》も主催者の一人であった。

司法当局は河野、小川らを暴動を促した罪で告発したが、証拠不十分で全員無罪となった。前述の国民新聞の報道をみても国民大会が直接関係したとは思えず、「日比谷焼き打ち事件」は自然発生的な騒乱であった。そして、この自然発生の土壌は右でみた新聞各紙の論調により培われた。講和反対の興奮が騒乱に発展した。

「日比谷焼き打ち事件」は権利意識の芽生えだった

自然発生的ではあったが、「日比谷焼き打ち事件」に国民の権利意識の芽生えをみることもできる。

わが国は今、国民が主権を握る民主主義の国家である。しかし戦前は天皇が主権者で、国民は天皇に付き従う臣民《しんみん》であった。臣民の主たる義務は納税と兵役であったが、その一方、臣民の権利は低く抑えられた。衆議院議員の選挙権をもつ臣民は一九〇四年総選挙で全人口の二%を下回った。日露戦争は、この低い権利に比べ、兵役という義務がいかに重いか実感させる戦いだった。

海野福寿《うんのふくじゅ》の『日清・日露戦争』によると、日露戦争に動員された将兵は一〇九万人近くに上り、日清戦争（約二四万人）の四倍半であった。兵士たちが仮に全員二〇歳代とした場合、二〇歳代の三・八人に一人が「兵隊にとられた」と海野は推計している。

死因をみると日清戦争は病死が多かった。一万三千人以上が命を落としたが、大半は日清戦争終了後の台湾征服戦争でマラリアなどの病気により死亡した。戦闘による死者は一五〇〇人を下回った。これに対し、原田敬一の『日清・日露戦争』によると、日露戦争における死者は負けたロシア軍が五万人で、わが軍はこれを上回る八万四千人であった。この多くが戦いのなかで命を落とし、何度も突撃を繰り返した旅順要塞の攻防戦にみられるように銃弾を浴びて壮烈な死を遂げた。そして、彼らの奮戦と死にざまは新聞報道や帰還兵の口を通して広く国民に伝えられた。日露戦争の勝利は満州の荒野に散った何万人もの兵士の血であがなわれ、血を流した側に立つ国民はその見返りを期待した。

臣民は納税でも日露戦争に貢献した。『財政史』によると戦前の一九〇三年から戦後の一九〇六年にかけ国民の租税負担は倍増し、その一方、国民所得の増加は二割ほどにとどまった。

負担の重さは新聞の投書にも表れ、以下『明治ニュース事典』からの引用である。

一九〇五年九月一日に東京朝日新聞に掲載された投書をみると、ある老人が「二十億の金を遣い、十万の死傷を出した結果が、この通りだ。馬鹿馬鹿しい。国民はわが当局者に向かって、損害賠償を要求して可なりだ」と憤った。神奈川県のある村民は「我ら同村の有志は一同申し合わせ、今後戦争の相起こり候うとも、兵役の召集、国債の募集にも、いっさい応ぜざる決議いたし候」と宣言した。

九月三日の大阪朝日新聞では、ある村長が「私の村から陸軍に六人、海軍に二人出《い》で、八人とも名誉の戦死を遂げた。村の金は有り余っておらぬけれども、何も村の名誉じゃからと村葬にまでしたものを、なんぼ国に事情があるとて、それでは遺族が可哀想《かわいそう》じゃ」と述べ、講和の内容は八人の死に見合わないと嘆いた。

八万四千人もの多数が戦死したため、全国津々浦々で人々は犠牲の重さを実感した。「この村では誰々が死んだ。あの町では誰それが死んだ」と言い交わされたであろう。「日比谷焼き打ち事件」で騒いだ東京の民衆の町々でも戦死者が出たであろう。日清戦争の何倍もの犠牲を払いながら、一円の賠償金も取れないのであるから、これは庶民感情の許すところではなかった。

これら庶民が人としての「権利」を意識していたとは思えない。しかし、彼らの素朴な怒りや不満は「権利意識」につながりうるものであった。

二章
ロシアの「一九〇五年革命」

ロシアには反乱の伝統があった

「日比谷焼き打ち事件」は自然発生の形で民衆の台頭を告げたが、ロシアでは組織された形で民衆が台頭した。

日露交渉のとき軍事的にはロシアが優位に立っていた。それなら交渉など行わず、戦闘を再開してもよさそうである。しかし再開できない理由があり、それは「一九〇五年革命」とも呼ばれる反政府運動の高まりである。戦闘を続けると革命が起きかねず、これを懸念してロシア政府は講和を選んだ。

これ以前にもたびたび反乱が生じており、『ロシア史』を主たる資料として振り返ろう。

一七七〇年代に「プガチョフの乱」と呼ばれる農民の反乱が起きた。ロシアの農民たちは長らく農奴《のうど》と呼ばれる半自由民であった。住居の移転や職業の変更を禁じられ、この農奴を貴族が領主として支配した。

この時期のロシア皇帝は女帝のエカチェリーナ二世で、夫のピョートル三世がクーデターで殺害された後、皇位に就いた。エカチェリーナは生粋《きっすい》のドイツ人だったため民衆に不人気で、クーデターへの関与もささやかれた。

一七七三年、プガチョフという男がエカチェリーナを「権力の簒奪《さんだつ》者」と非難し、これに農奴ばかりか工場労働者や少数民族も共鳴して、反乱が始まった。反乱軍は一時、広範な地域を支配したが、一七七四年夏に政府軍により鎮圧された。反乱軍の犠牲者は数万人に達し、プガチョフ自身も捕らえられ、処刑された。

プガチョフの乱はエカチェリーナ二世への反発という側面が強い。しかし、プガチョフは反乱中に農奴の解放などを唱え、貴族の支配体制を覆そうとする革命的要素もあった。

十九世紀には「デカブリストの乱」が起きた。一七八九年にフランス革命が勃発し、ブルボン王朝が倒された。革命の精神を引き継いだナポレオンはヨーロッパ全土で戦い、君主制諸国を震え上がらせた。ロシアも一八一二年にナポレオン軍の侵入を受けたが、巧みな軍略で撃退した。これを境にナポレオンは勢いを失い、敗れ去る。

ロシア軍の将校たちは貴族階級に属し、一八一二年の戦いの際、敗走するナポレオン軍を追って西ヨーロッパに入った。将校たちは西欧の自由な雰囲気を肌で感じ、やがて貴族の一部が農奴制の廃止、立憲制の樹立などの自由主義的改革を目指した。彼らは後に「デカブリスト」と呼ばれる。

一八二五年十二月、デカブリストの将校たちは三千人の陸軍部隊を率いて決起した。しかし、政府軍により鎮圧され、首謀者五名が絞首刑に処された。反乱は不発に終わったが、皇帝を守るはずの陸軍内部にも自由主義が広がっていることが明らかになった。

ロシアは日露開戦前から火種を抱えていた

フランス革命とナポレオン戦争がまいた自由主義の種はヨーロッパ各地で芽を出す。一八四八年二月、フランスで二月革命が起き、ナポレオンの甥《おい》のルイ・ナポレオンを大統領とする第二共和政が成立した。この革命はヨーロッパ各地に飛び火し、君主制下のプロイセンとオーストリアで三月革命が生じた。オーストリアの支配下にあったハンガリーではコッシュートらの反乱軍が決起した。

この自由への流れをロシア軍がせき止めた。コッシュートの軍勢を打ち破り、ハンガリーの独立は夢と消えた。プロイセンとオーストリアの三月革命も失敗に終わった。ロシアは各地の君主制諸国を支援し「ヨーロッパの憲兵」とたたえられた。

このように帝政ロシアは古い秩序の維持に力を尽くした。しかし、自由の拡大は押し戻すことのできない歴史的潮流であった。

プガチョフの乱は農奴を主役とした。農奴は他のヨーロッパ諸国にも存在したが、次第に解放され、ロシアでも一八六三年に農奴解放が実施された。しかし、改革は不徹底で、貴族は相変わらず地主として農村を支配した。『ロシア史』によると一八九七年の総人口は一億二五〇〇万人余りであった。その一・五％ほどに当たる貴族が社会の上層を占め、聖職者、商人などが中間層を形成した。その下に町人身分（十一％）、農民身分（七七％）があった。

農民や町人の不満は根強く、さらに一九〇〇年からロシア経済は不況に陥った。支配層に反発する学生のストライキ、農民による地主への反抗などが続発し、社会主義政党の組織化も進んだ。このような火種を抱えながらロシアは日露戦争に臨んだ。

「一九〇五年革命」で黒海に赤旗が翻った

わが国ではほとんどの国民が日露開戦を支持した。これに対し『ロシア史』によるとロシアでは「戦争は極度に不人気であった。反政府派は戦争反対にまわった」。戦局が日本に有利に傾くなか一九〇五年一月に「血の日曜日事件」が起き、「一九〇五年革命」が始まる。

『世界歴史大事典』によると、首都サンクト・ペテルブルクにおいて一九〇四年、僧侶ガポンにより労働者の組合が結成され、組合員は八千人に達した。戦争により生活水準が低下し、この組合は政府批判を鮮明にする。ロシア軍の敗色が強まるなか一九〇五年一月初めに組合所属の労働者三名が解雇され、参加人員一万三千人の大規模なストライキに発展した。

ロシア暦一月九日の日曜日、ガポンを先頭とする二〇万人もの民衆が皇帝の住む冬宮《とうきゅう》に向かってデモ行進し、ニコライ二世に直訴しようとした。「ロシア暦」は旧暦で、十三日を加えると西暦になる。

彼らの主張には「言論および出版の自由、労働組合組織の自由、日露戦争の中止」などが含まれたが、急進的なものではなかった。人々は皇帝の肖像や十字架を掲げ、賛美歌を歌うなど伝統的な価値を重んじていた。ところが、この民衆に向かって軍隊が発砲した。『世界大百科事典』によると、十か所以上で衝突が生じた。公式発表の死者は百人前後だが、実数は数百人に上ったという。

冬宮は現在エルミタージュ美術館となっている

この「血の日曜日事件」がロシア各地に飛び火し「一九〇五年革命」に発展した。『ロシア史』によると、デモ隊への発砲に抗議するストライキがロシア全土に広がり、ロシアが支配していたポーランド、バルト海沿岸地方でも労働者と軍隊の衝突が起きた。

日露戦争の戦況も帝政ロシアを揺さぶり、ロシア暦一月に奉天会戦、五月に日本海海戦で敗れるに及んで、専制政府の権威は失墜した。六月にポーランドの工業都市ウッチで大規模なゼネストが生じ、同じ月、ロシア黒海艦隊の戦艦ポチョムキンで水兵が反乱を起こした。『ブリタニカ国際大百科事典』によると、戦艦ポチョムキンで将校が水兵を射殺し、これに怒った水兵たちが決起した。この将校と艦長を射殺した後、水兵たちは社会主義への支持を示す「赤旗」を掲げながら黒海を航行し、黒海北部のオデッサに入港した。市内の反政府デモを支援し、停泊していた他の戦艦、水雷艇などの乗組員も同調した。

この反乱はほどなく鎮圧された。しかし皇帝に忠誠を誓うべき海軍軍人が「赤旗」を押し立てる衝撃的な事件であった。

二〇世紀は「民衆の台頭」の時代だった

この騒然たる情勢のなかロシア政府は日露の講和交渉に臨んだ。陸軍の優位は心強かったが、戦闘を再開すると国内の反政府運動は一段と激しくなる。この懸念がロシアに講和締結を促した。

講和条約はロシア暦の八月下旬に調印され、戦争は終結した。しかし、反政府運動は収まらず、十月には全国的なストに発展した。労働者のほか学生、市民、役人など二〇〇万人が自由と政治参加を求める声を上げた。

この「一九〇五年革命」は帝政を覆したわけではなく、あくまでも括弧《かっこ》付きの「革命」である。しかし、この反政府のうねりは一九一七年のロシア革命につながる。

このように日露戦争の終結時、わが国においてもロシアにおいても民衆が政府に強い反発を示した。そして、この「民衆の台頭」は両国に偶然発生した出来事ではなく、二〇世紀を通じて世界史を貫く太い潮流であった。

「民衆の台頭」を前にして、わが国の指導層や知識人は三つの道を民衆に示した。一つは「社会主義」、もう一つは「議会主義」、そして最後に「軍国主義」であった。

三章　社会主義の浸透と弾圧

マルクス主義が社会主義の主流となった

ロシアの「一九〇五年革命」は社会主義の影響を色濃く受けていた。社会主義は十九世紀前半に始まり、フランスのサン・シモン、英国のロバート・オーエンなどが初期の思想家として知られる。しかし、彼らは人間の良心や倫理に多くを期待し、非現実的な面があった。カール・マルクスはこれらを「空想的社会主義」と批判するとともに、自ら「科学的社会主義」を唱え、社会主義ならびに共産主義の教祖とも言うべき地位を占める。

マルクスは一八四八年二月『共産党宣言』の和名で知られる著作を発表した。前述のようにフランスの二月革命、ドイツとオーストリアの三月革命がこの年に勃発し、ヨーロッパ全体で革命的、進歩的気運が高まった。この空気そのままに『共産党宣言』は次のような衝撃的な文章で始まる。『新訳共産党宣言』による。

「ヨーロッパではひとつの亡霊がうろついている。それは共産主義の亡霊である。旧《ふる》いヨーロッパのすべての権力はこの亡霊に対して神聖な取り締まりを行うべく団結している。その団結とは、法王とツァー、メッテルニヒとギゾー、フランスの急進派とドイツの警察である」「法王」はローマ法王、「ツァー」はロシア皇帝を指す。これらばかりかオーストリア帝国の宰相「メッテルニヒ」、フランスの首相「ギゾー」、さらにはフランス自由主義の急進派、ドイツの警察権力に至るまで、ヨーロッパの諸勢力が共産主義を「取り締ま」ろうと「団結している」と言うのである。それほど共産主義の影響力は高まっているとマルクスは自賛した。

カール・マルクスの肖像をあしらった東ドイツの切手

『共産党宣言』はさらに「これまですべての社会の歴史は階級闘争の歴史である」と断言し、暴力革命の必然性を導き出す。資本主義社会においては工場などの生産手段がブルジョワ階級（資本家など）により所有され、その対極に生産手段をもたないプロレタリア階級（賃金労働者）が存在する。二つの階級の対立が次第に激しくなり、やがてプロレタリア階級がブルジョワ階級を暴力的な革命により打ち倒し、社会全体で生産手段を所有する共産主義社会が実現するとマルクスは説く。

暴力革命を歴史的必然と考えるところに「科学性」があるとされた。これによりマルクス主義は「空想的社会主義」をしのぐ評価を獲得し、社会主義の主流となった。

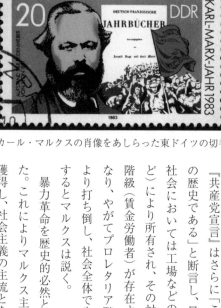

なお「共産主義」は生産手段の共有や生活水準の平等化が「社会主義」よりさらに進んだ状態を指し、厳密には両者を区別するべきである。しかし、本書では「共産主義」を含む形で「社会主義」の言葉を用い、特に区別する必要がある場合のみ「共産主義」とする。

わが国にも社会主義が導入された

わが国における社会主義の導入を海野福寿の『日清・日露戦争』などで振り返ろう。

一八八〇年代に社会主義が入り始め、なかでも一八八二年（明治十五）に朝野《ちょうや》新聞に連載された城多虎雄《きたとらお》の「論欧州社会党」は社会主義思想の変遷を的確に整理した優れた論文であった。一八八七年には徳富蘇峰《とくとみそほう》が雑誌『国民之友』を創刊し、社会主義を紹介した。蘇峰は日清戦争後の三国干渉をきっかけに保守派に転じるが、それ以前は革新的であった。

こうして社会主義が導入されたが、当初は論壇の一角を占めるのみであった。社会主義的な運動が現れるのは日清戦争（一八九五年終結）の後である。

一つは労働組合の創設で、米国から帰国した高野房太郎《たかのふさたろう》、片山潜《かたやません》らが推進した。彼らの指導のもと、東京砲兵工廠《こうしょう》の職工を中心とする鉄工組合、鉄道労働者による日本鉄道矯正会、印刷労働者による活版工組合などが一八九〇年代後半に結成された。

もう一つは普通選挙を求める普選運動である。これも一八九〇年代後半に長野県の松本、東京でそれぞれ普通選挙同盟会が結成された。自由民権運動の流れをくむ人々のみならず、社会主義、労働運動の活動家も普選運動に参加し、革新派の有力な一翼となった。

横山源之助の『日本の下層社会』

社会主義が静かに広がる一方、資本主義の進行は都市部における貧困問題を生み出した。

一八九九年（明治三二）に発行された『日本の下層社会』はわが国ルポルタージュの古典的名著である。著者の横山源之助《よこやまげんのすけ》は序文で次のように述べ、貧富の差の拡大を指摘した。岩波文庫版による。

「昔時《せきじ》制度によりて武士が平民をしのぎたる者、今後は資本によりて富者、貧者を圧するの世とならん……中略……貧富懸隔《けんかく》の結果は憎疾《ぞうしつ》の原因となり、憎疾の結果は平和攪擾《かくじょう》の原因とならん。欧州共産諸党の年に繁殖して国安を害する者、皆この変遷に由来せずんばあらず」

意訳すると――昔は武士が庶民の上に立っていたが、これからは資本をもつかどうかにより富者と貧者に分かれる。貧富の格差は憎しみやねたみを生み、これらはさらに社会不安を招く。ヨーロッパ諸国において共産党が勢力を伸ばし、国家の安定を揺るがしているが、これはすべて資本主義の世となった結果である――となるだろう。

横山は実地調査に基づき工場労働者、小作人、貧民などの生活事情を報告する。以下その一部を筆者の意訳で紹介する。東京の貧民街は次のように描かれている。

——貧民街の路地に一歩入ると、見渡す限りぼろぼろの衣服をまとった人々で満ち、その光景に私の心も目も痛んだ。大通りで馬車にふんぞり返って座り、きらびやかな衣装と化粧で飾り立てて誇らしげな人々と比べるにつけ、人間の階級の違いというものはこれほど激しいのかと嘆かざるをえない。貧民たちの職業をみると、人足《にんそく》（力仕事の労働者）、日傭取《ひようとり》（日雇いの労働者）が最も多く、車夫《しゃふ》（人力車を引く者）、車力《しゃりき》（荷車を引く者）、土方《どかた》（土木作業員）、さらには屑拾《くずひろい》（くずを拾ってカネに換える者）などなど——

「日比谷焼き打ち事件」で人足や車夫が暴れたが、彼らは貧民街に住んでいた。

職工《しょっこう》（工場労働者）は貧民よりは経済的に恵まれていたが、長時間労働が伴った。

——一日に五〇銭や六〇銭の収入はあるが、規定の労働時間によるものではなく、日に十三時間も十六時間も働いて得る収入である。通常の労働時間のみでは家族を養うことなどできない——

休日も毎月一日、十五日の二日のみで、横山は月四日を要求する。

横山は貧しい人々の生活実態を広範かつ克明に描き、この著作を次のように締めくくった。

——この世は偏った不公平な社会で、カネ万能となっている。私はこの社会問題に注意を払いたい。日本の下層社会を研究し、これにより社会の腐敗を人々に知らせるとともに、平民による政治を始め、下層社会の人々の幸福を増進したい——

マルクスほど衝撃的ではないが、社会改革への静かな闘志が漂う。

戦前と戦後の政治体制

社会主義は旧来の権力を打ち倒し、労働者や農民の政権を樹立しようとする思想である。二〇世紀初頭のわが国で言えば、天皇を頂点とする皇族や華族、天皇に仕える文武の官僚、地方を支配する地主、台頭しつつあった資本家階級などが打倒の対象となる。これら社会上層にとり社会主義は大いなる脅威であった。

権力側は社会主義対策に乗り出すが、その前に太平洋戦争以前の政治体制を現代と比較しよう。戦前の政治体制は大日本帝国憲法により定められ、概要を左ページの上半分に図解した。戦後は日本国憲法により定められ、下の図である。

天皇は戦前、名目的ではあるが立法、行政、司法の三権を一手に握った。大臣や官僚のみならず貴族院議員も天皇が任命した。国民は天皇に付き従う臣民《しんみん》とされ、国政参加の道は衆議院議員選挙での投票のみであった。しかも選挙権を有する臣民は限られ、総務省ウェブサイトによると一九〇八年五月に行われた第十回衆議院議員選挙における有権者は全人口の三・三％であった。

これに対し、戦後は臣民という立場が消滅し、天皇に代わって国民が主権者となった。成人した男女はすべて選挙権をもち、選ばれた両院の議員が国政を主導する。

一方、社会主義の社会では、上の図で臣民より上にある部分が廃止される。経済面では地主や資本家から土地や生産設備が取り上げられる。代わって労働者や農民が社会の主役となる。

大日本帝国憲法下の政治体制

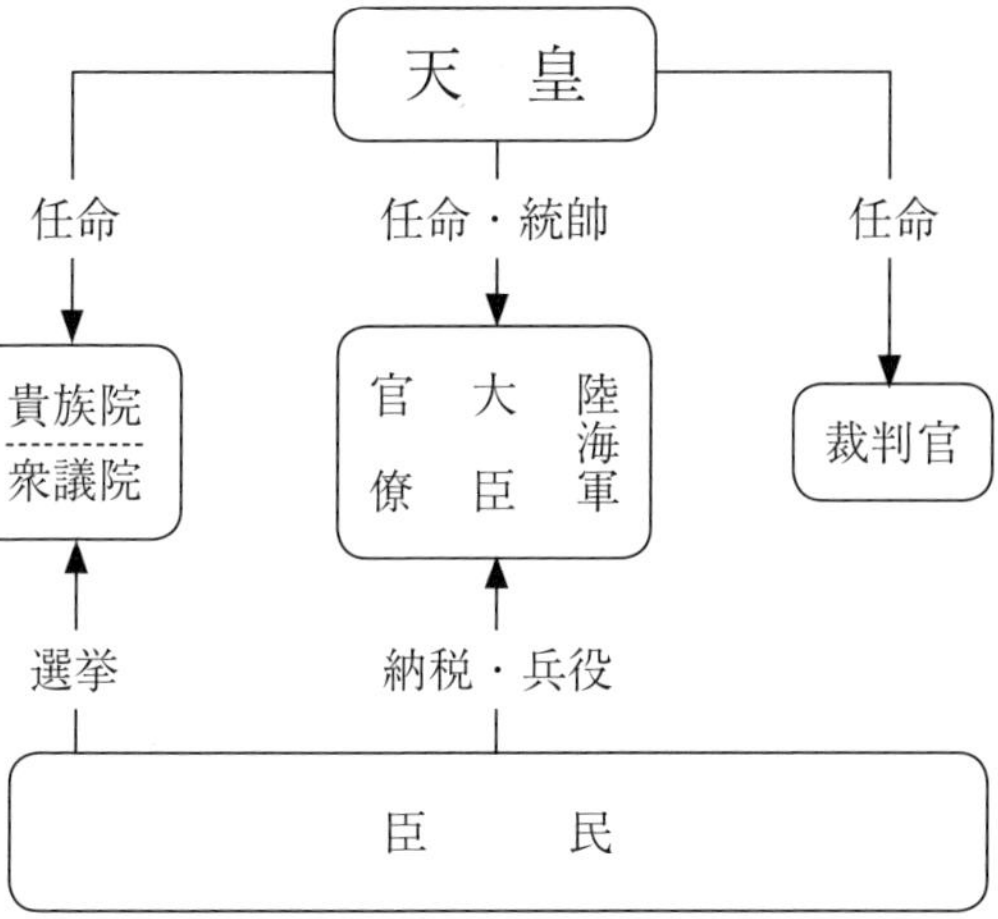

日本国憲法下の政治体制

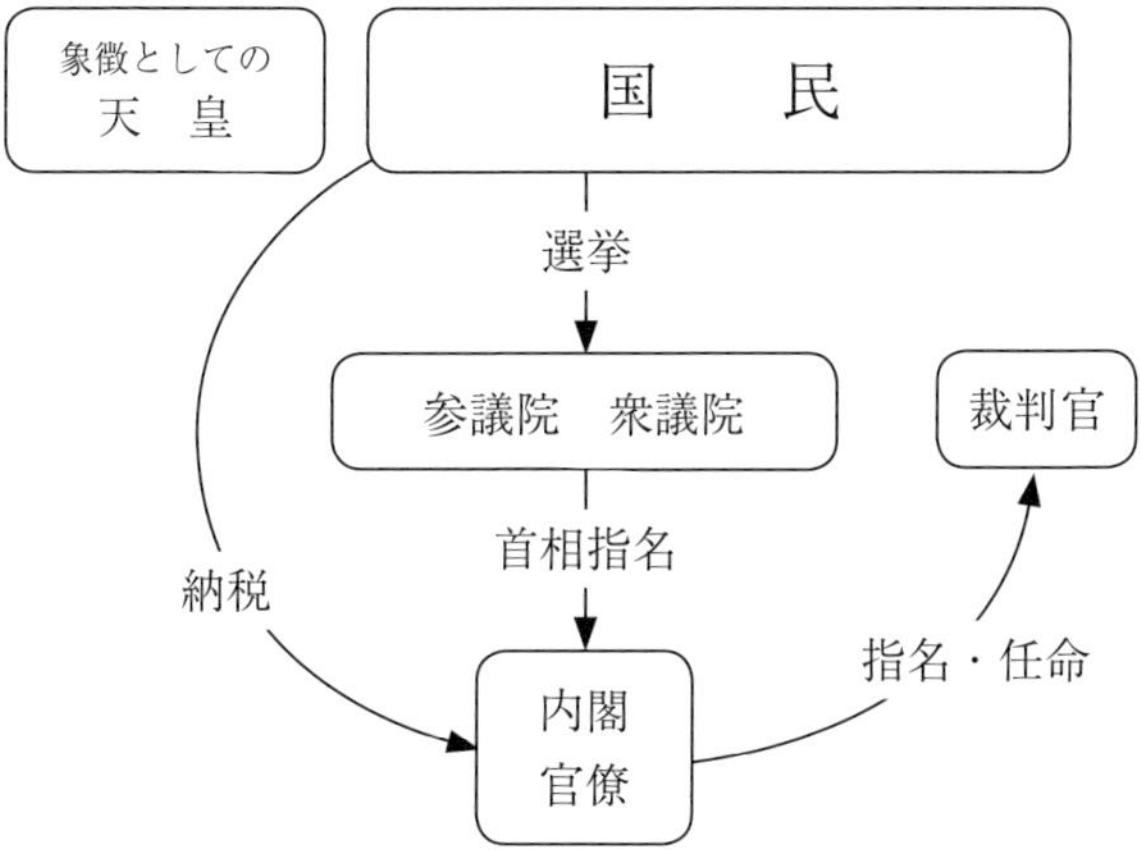

「労働者や農民が主役」という点は国民主権の戦後体制と似ている。しかし実際に実現した社会主義国家は専制的、抑圧的な体制に陥り、そのため社会主義は今日、広い支持を集めていない。しかし「労働者や農民が主役」という理想は多くの若者や知識人の心をつかみ、二〇世紀前期から中期にかけて世界的に大きな思想的潮流となった。

山県派と伊藤派による政権運営

権力側は社会主義対策の一つとして一九〇〇年（明治三三）三月、治安警察法を公布した。後の治安維持法とは別の法律で、社会主義運動を視野に入れていた。一九〇〇年十一月に鉄工組合の争議の取り締まりに用いられ、一九〇一年五月に日本最初の社会主義政党である社会民主党が結成されると、警視庁は治安警察法に基づき同党を解散させた。

一方、当時の政界では山県《やまがた》派、伊藤派の二派が有力であった。山県派の総帥は山県有朋《やまがたありとも》で、陸軍、貴族院、保守派の官僚などを支持基盤とし、山県自身も陸軍大将だった。伊藤派の総帥は伊藤博文《いとうひろぶみ》で、政党の政友会《せいゆうかい》（正式名称は立憲政友会）、進歩的な官僚などを基盤とした。保守的な山県派と進歩的な面もある伊藤派が競い合う形であった。

一九〇一年までに山県が二度、伊藤は四度も総理大臣となり、日露戦争時（一九〇四〜〇五年）の総理大臣は山県直系の桂太郎《かつらたろう》だった。桂も陸軍大将で、山県と桂から分かるように戦前は軍人でも総理大臣に就任できた。今の日本国憲法では国会議員に限られるが、大日本帝国憲法には定めがなく、軍人でも皇族でも総理に就けた。他の大臣についても定めがなく、議員のいない内閣も可能であった。

山県も伊藤も桂も山口県の出身で、江戸時代には長州藩だった。長州藩と薩摩藩（今の鹿児島県）が中心となって江戸幕府を倒し、この薩長の勢力が明治時代に政府の要職を占めた。長州は陸軍、薩摩は海軍を根城とし、この長州軍閥が山県派の中核を形成した。

治安警察法は第二次山県内閣により定められ、山県も桂もロシアの「一九〇五年革命」を耳にして社会主義への警戒感をさらに高めたであろう。しかし日露戦争後、わが国の社会主義運動はむしろ盛んになり、背景には伊藤系の西園寺内閣の誕生があった。

西園寺内閣発足による自由の風

一九〇三年（明治三六）に西園寺公望《さいおんじきんもち》が伊藤博文の後を受けて政友会の第二代総裁となった。「日比谷焼き打ち事件」から明けた一九〇六年一月に第一次西園寺公望内閣が発足し、この背景には密約があった。

桂太郎内閣が日露戦争に臨んだとき衆議院の第一党は政友会であった。政府予算の決定には衆議院の賛同が必要で、これなどから桂首相は政友会に戦争への協力を依頼した。その見返りとして西園寺に首相の椅子を譲る密約が交わされた。

西園寺家は公家の名門である。公望は王政復古の際に満十八歳の若さで要職を占め、倒幕の戊辰《ぼしん》戦争では地方討伐の司令官として各地を転戦した。一八七一年から九年余りフランスに留学し、自由民権運動にも関わるなど進歩的な人物であった。一八九一年までの六年間は欧州諸国に公使として赴任した。『日本近現代人名辞典』による。

西園寺は軍人の桂と異なり開明的で、自由を重んじた。また、それまでの首相は佐賀県出身の大隈重信《おおくましげのぶ》を除いてすべて薩長出身で、薩長以外でしかも公家にして外交官という西園寺の経歴に人々は清新な風を感じた。さらに、日露戦争の勝利によりわが国は世界の「一等国」の一つになったとされ、「一等国」には欧米並みの自由が必要だとの空気も流れた。

この雰囲気のなか一九〇六年二月に日本社会党が結成された。社会民主党が解散を強いられてから五年にして、わが国初の実質を伴った社会主義政党が発足した。なお、この日本社会党と戦後の日本社会党は無関係である。

「東京市内電車値上げ反対運動」と赤旗事件

日本社会党はまず「東京市内電車値上げ反対運動」に取り組んだ。東京市内で路面電車を運営する市内電車三社が運賃値上げを当局に申請し、これに反対した。

『ニュースで追う明治日本発掘』(以下『ニュースで追う』)によると、日本社会党が主導する値上げ反対の市民大会が一九〇六年（明治三九）三月に日比谷公園で開かれた。参加者の一部は散会後、赤旗を掲げて市街を歩き、三社の一つである東京市街鉄道の建物に石を投げつけ、ガラスを割った。この時点では小規模な事件だったが、半年後に弾みがつく。

ちょうど一年前に「日比谷焼き打ち事件」が起きた一九〇六年九月五日、日比谷公園で値上げ反対の市民大会が開かれた。指導者は社会党ではなく松本道別《まつもとちわき》であった。国学の家系に生まれ、日露戦争の講和条約に反対して外務大臣に面会を求めるなど派手な言動で知られた。

松本は大会で運賃値上げの撤回を求め、その一方、電車の「焼き打ち」は見合わせると約束した。ところが一万人を超える群衆が市街に繰り出し、路面電車の進行を妨害し、投石で電車の窓ガラスを割るなど、大規模な騒乱に発展した。夜間の運転が数日停止され、一六〇人余りが検挙された。松本は重禁錮《じゅうきんこ》四年の判決を受けた。禁錮は懲役と類似の刑罰で、懲役は刑務所内での労働を伴うが、禁錮にはない。

日本社会党はこの騒動の主役ではないが、反対運動を始めたのは社会党である。取り締まり当局は山県派に属し、社会主義への警戒を強めた。一つの表れは一九〇八年六月に起きた赤旗事件である。『日本史大事典』による。

社会主義勢力は当時、議会政策派（軟派）と直接行動派（硬派）の二つに分かれていた。「東京市内電車値上げ反対運動」で投獄された活動家の出獄を祝う会で両派が一堂に会し、終了後、硬派の参加者が赤旗を振り回し、革命歌を口にして歩いた。この項目を書いた橋本哲哉によると「軟派への示威にしたまったくのいたずら」であったが、警官隊と乱闘になり、活動家十四名、騒ぎに加わった学生二名が逮捕された。治安警察法により四名に懲役一年六か月〜二年六か月が科された。

事件翌月の一九〇八年七月に西園寺内閣が総辞職し、政権は再び桂太郎の手に戻った。辞職の理由は明らかでないが、山県、桂ら保守派は社会主義に寛容な西園寺をかねて批判し、このため赤旗事件も政権交代の一因として指摘される。

幸徳秋水による帝国主義批判

第一次西園寺内閣（一九〇六年一月〜〇八年七月）の時代、社会主義のみならず社会全体に自由な雰囲気が広まった。『ニュースで追う』によると、参政権など女性の権利拡張が主張され、自由恋愛を楽しむ若者も増えた。社会の実相を赤裸々に描く自然主義文学も流行し、島崎藤村《しまざきとうそん》の『破戒《はかい》』、田山花袋《たやまかたい》の『蒲団《ふとん》』などが発表された。

保守派は自由な雰囲気を嫌い、第二次桂太郎内閣の献言により一九〇八年十月、戊申詔書《ぼしんしょうしょ》が天皇から臣民に下された。詔書は「忠実業に服し」と仕事に励むよう諭し、「華を去り実に就き」と華美な風潮を戒め、歴代天皇の遺訓を守るよう臣民に求めた。この詔書自体はそれほど効果を上げなかったが、西園寺から桂への政権交代に伴う変化を示す好例となっている。

そして、変化を鮮明に示す大逆《たいぎゃく》事件が一九一〇年に起きた。幸徳秋水《こうとくしゅうすい》など十二名の社会主義者が死刑に処されるが、その前に秋水について述べよう。

幸徳秋水は社会主義の思想家で、右で述べた直接行動派の重鎮であった。『帝国主義』（一九〇一年）、『社会主義神髄』（一九〇三年）などの著作がある。『帝国主義』は日清と日露の戦間期に発表され、古今東西の戦争や帝国主義を批判した後、日清戦争などによるわが国の威信向上に疑問を投げかける。『日本の名著四四』の現代語訳である。

「国威と国光は、これがためにあがった。軍人の胸間には、いくたの勲章を装飾した。議会はこれを賛美した。文士・詩人はこれを謳歌《おうか》した。そして、これが、どれほどわが国民を偉大にしたか。どれほどの福利をわが社会にあたえたか」

戦争の成果は一部の者に享受され、社会全体としてみれば不毛な行為であったとする。そして帝国主義との対決ならびに社会主義革命を呼びかける。

「世界的大革命の運動を開始せよ。少数の〔人々のための〕国家を変革して、多数の〔人々のための〕国家にせよ。陸海軍人の国家を変革して、農・工・商人の国家にせよ。貴族専制の社会を変革して、平民自治の社会にせよ。資本家横暴の社会を変革して、労働者共有の社会にせよ。そうしてのちに、正義・博愛の心が、すなわち、偏狭な愛国心を圧倒することができるわけである。科学的社会主義が、すなわち、野蛮的軍国主義をほろぼすことができるわけである」

社会主義の理想を簡潔に述べるとともに、帝国主義と軍国主義を痛烈に批判している。

大逆事件により社会主義は「冬の時代」へ

大逆事件は具体的な暴力や破壊を伴う事件ではなく、天皇暗殺の「計画」があったとして死刑が執行された。天皇、皇后、皇太子などに危害を加えた者ならびに加えようとした者を死刑に処する大逆罪が一九四七年まで存在した。これが適用されたため「大逆事件」と呼ばれる。

海野福寿の『日清・日露戦争』などによると、職工の宮下太吉《みやしたたきち》が天皇暗殺をもくろんで爆弾を作り、幸徳秋水らが協力したとの疑いであった。取り調べは数百名に及び、関連性のない事実、現実味のない放言などを結びつける強引な捜査が行われた。一九一〇年（明治四三）五月から夏にかけて容疑者が逮捕され、十二月に大審院（今の最高裁判所に相当）で審理が始まり、翌年一月に判決が下るという性急な展開であった。

国内の新聞報道も厳しく規制され、海外の新聞で事件が伝えられた。わが国の在外公館に海外の人々の批判や問い合わせが寄せられ、外務省は対応に追われた。

幸徳秋水、宮下ら二六名が大逆罪で告発され、一九一一年一月十八日、大審院は二四名に死刑を言い渡した。翌十九日に天皇の特赦で十二名が無期懲役に減刑されたが、秋水、宮下ら十一名が判決からわずか六日後の二四日、唯一の女性の管野《かんの》スガが二五日に死刑を執行された。異例の短期間で処刑され、『ニュースで追う』に収録された東京日日新聞の記事は「判決言い渡し後一週日を出でずして死刑を執行されたるは、恐らく今回をもって嚆矢《こうし》〔最初〕とすべし」と報じた。

性急な展開から分かるように司法当局一体となった弾圧であった。『日本史大事典』でこの項目を執筆した橋本哲哉は「大半の被告は天皇・皇太子の暗殺計画とは無関係で、近代日本の裁判史上最大の『暗黒裁判』であった」とその不当性を指摘し、「この弾圧の威力は絶大で、社会主義運動はもとより労働運動なども しばらくは『冬の時代』に入ることを強いられた」と記している。

わが国の社会主義はここに大きく後退し、その復活はロシア革命の達成を待つことになる。

四章
韓国併合と辛亥革命

三次の日韓協約による朝鮮支配の拡大

わが国は日露戦争に勝って朝鮮の支配権を確立し、やがて韓国を併合する。以下『朝鮮史』などによる。

朝鮮半島には今、韓国、北朝鮮の二つの国家が存在する。しかし、この南北分断は第二次世界大戦後に生じ、かつては一つの国だった。日露戦争時の正式な国名は一八九七年に定められた「大韓」で、「韓国」とも呼ばれた。

わが国は日露戦争中から旧「韓国」の統治に乗り出し、三次の協約により段階的に影響力を強めた後、一九一〇年（明治四三）の韓国併合により植民地とした。

一九〇四年八月に第一次日韓協約が結ばれた。日露戦争の最中であったが、主戦場は満州にあり、韓国は日本軍の支配下にあった。

協約の最大のねらいは韓国の外交権の制限にあり、重要な外交案件について日本政府との協議が義務づけられた。財政について日本人顧問一名、外交について外国人顧問一名が任命され、後者は日本国外務省に勤務していた米国人、ダーハム・スティーブンスであった。この後、他の部門にも日本人顧問が送り込まれた。

日露戦争後の一九〇五年十一月に第二次日韓協約が結ばれ、わが国の影響力はさらに強まった。韓国の外交権は完全に否定され、日本政府が韓国と諸外国との外交を扱うようになった。韓国統監府《とうかんふ》も創設され、同府の日本人官僚が韓国の行政を指導した。代表者は統監で、初代は伊藤博文であった。

一九〇七年七月に第三次日韓協約が結ばれた。韓国軍が解体され、軍事権が完全に否定された。政府機関に多数の日本人が配置され、各組織の長官は韓国人だったが、日本人の次官が実権を握った。

義兵運動による朝鮮の人々の抵抗

支配の拡大は朝鮮の人々の反発を呼び、その中心は義兵《ぎへい》運動と呼ばれる武装抵抗であった。「義兵」は正義のために戦う兵士たちである。『国史大辞典』によると一九〇六年から義兵たちの抵抗が始まり、第三次日韓協約により韓国軍が解体された後、この軍人たちも加わった。このため義兵運動は一九〇八年に最も激しくなり、同年六月現在の義兵は三万人を超えた。日本軍は運動に協力する村落を焼き打ちするなど容赦なく義兵を追い込み、一九一〇年までにおおむね鎮圧した。

日本軍が集計した義兵運動の統計が書籍『韓国併合』に掲載されている。それによると一九一〇年末までの三年半ほどに二八〇〇回余りの衝突が生じ、参加した義兵は延べ十四万人を超えた。義兵側の死者は一万七七〇〇人近くに上り、負傷者は三八〇〇人であった。日本側は死者一三三人、負傷者二六九人で、日本軍が一方的に攻め続けたことが分かる。義兵側の死者は日清戦争におけるわが軍の死者を上回り、「運動」よりも「戦争」に近い大規模な抵抗であった。

伊藤博文の暗殺と韓国併合

三章で山県派と伊藤派の対抗関係に言及した。日露戦争に勝って朝鮮支配を実現したのであるから、陸軍を基盤とする山県派が韓国統治の主役になりそうである。しかし、韓国統監府の初代統監は伊藤博文で、三次の日韓協約を主導したのも伊藤であった。

この背景には「文官」と「武官」の違いがあった。伊藤は軍籍のない「文官」で、大日本帝国憲法（一八八九年発布）の起草に携わるなど法律や行政に精通していた。これに対し、陸軍大将でもある山県有朋は「武官」の面が強かった。統治機構の構築では伊藤のほうが優れ、天皇も伊藤に信頼を寄せた。このような背景から伊藤が韓国統治を主導した。

山県ら保守派は韓国併合による完全な植民地化を求めたが、開明的な部分もある伊藤は植民地化には否定的であった。しかし、前述のとおり一九〇八年（明治四一）に伊藤派の西園寺内閣が総辞職し、山県派の第二次桂太郎内閣が発足した。これが韓国統治にも影響した。

勢いづいた保守派が伊藤の統治姿勢を批判し、韓国内でもわが国の保守派と結んだ一進会《いっしんかい》が併合を求めた。一九〇八年は義兵運動が最も激しい時期でもあり、混迷が深まった。書籍『韓国併合』によると伊藤は「韓国統治にたいする意欲を喪失」し、統監辞任の意向を口にするようになった。

伊藤は結局一九〇九年四月に韓国併合を承諾し、六月に韓国統監を辞任した。副統監の曾禰荒助《そねあらすけ》が後任の統監となり、山県派の人物であった。十月には伊藤が満州で暗殺された。

さらに一九一〇年五月、寺内正毅《てらうちまさたけ》が曾禰に代わって韓国統監に就任した。寺内はこのとき現役の陸軍大将にして現職の陸軍大臣で、伊藤の亡き後、韓国統治は完全に陸軍の手に移った。

一九一〇年八月に「韓国併合に関する条約」が調印ならびに公布され、韓国併合が完成した。天皇が韓国の統治者となり、わが国政府が韓国の行政権を掌握した。「韓国」の呼称も「朝鮮」に改められ、韓国はここに名実ともに消滅した。

長州軍閥は「民衆の台頭」を食い止めた

朝鮮の面積はおよそ二二万平方キロで、本州全体に迫る。広大な土地が併合によりわが国に加わり、新聞や雑誌も、国民も韓国併合を歓迎した。反対意見は社会主義者などごく一部に限られた。

併合から明けた一九一一年（明治四四）正月、日本の総理大臣は桂太郎、韓国統監改め朝鮮総督は寺内正毅で、どちらも陸軍大将にして長州出身であった。長州は朝鮮に近く、朝鮮進出は江戸時代から長州の武士たちの念願であった。これを実現したのであるから、山県有朋を総帥とする長州軍閥は得意の絶頂にあったに違いない。新年に勝利の美酒を酌み交わしたであろう。

序章で述べたとおり「民族自決」は「民衆の台頭」の一つである。義兵運動は民族自決を目指す運動であったから、この運動の鎮圧により陸軍は朝鮮における「民衆の台頭」を食い止めたことになる。国内においてもこの正月に大逆事件で十二人の社会主義者が処刑され、「民衆の台頭」が後退した。

議会を中心とする政治体制への接近も「民衆の台頭」の一つである。長州軍閥もしくは山県派は政党勢力の伸張も警戒し、一九一一年の時点では山県派が優位であった。しかし二年後に「大正政変」が生じ、苦杯をなめる。

政変について述べる前に第二次西園寺内閣ならびに中国の辛亥革命について記そう。

「情意投合」による第二次西園寺内閣の誕生

日露戦争への協力と引き換えに第一次西園寺公望内閣が誕生したと三章で述べた。第二次西園寺内閣もよく似た形で生まれ、「情意投合《じょういとうごう》」と形容される。『新版近代日本政治史』などによる。西園寺公望が率いる政友会は第二次桂太郎内閣にも協力的であった。ここに一九一〇年三月、政友会を除く複数の政党が集まって立憲国民党が結成された。政友会は衆議院の議席の過半を制し、優位は揺るがなかった。しかし、立憲国民党は桂への対決色を強め、大逆事件を問題視する議員もいた。

西園寺公望

一九一一年初めの議場は波乱必至とみられ、桂は政友会にさらなる協力を求めた。

後に首相となる原敬《はらたかし》が政友会を代表して交渉に当たり、再度の政権移譲を条件として協力関係を深めた。両派が一堂に会する懇親会が一九一一年一月に開かれ、桂と西園寺が互いに「情意相投合《じょういあいとうごう》」と発言して親密さを強調した。新聞で「情意投合」と報じられ、「気持ちが通じ合う」というほどの意味である。

右の経緯で一九一一年八月に第二次西園寺公望内閣が組織された。一九〇一年から桂、西園寺、桂、西園寺と交代に政権を担当し、桂園《けいえん》時代と呼ばれる。そして一九一二年七月に明治天皇が没し、時代は大正に移る。

天皇に助言する元老《げんろう》会議が八月に組織され、以前から元老であった山県有朋、松方正義《まつかたまさよし》、井上馨《いのうえかおる》、大山巌《おおやまいわお》に、桂太郎が新たに加わった。山県、井上、桂が長州出身、松方と大山は薩摩で、薩長閥は健在であった。

元老会議は憲法外の機関である。二七ページの図に示したように戦前は天皇に権力が集中し、憲法上の諸機関のほか憲法外の存在も天皇を補佐した。元老会議は憲法外の一つで、総理大臣の選任など大きな権限をもった。総理大臣は形式的には天皇が自由に任命できた。しかし実際は元老など天皇を取り巻く有力者が候補者を選び、天皇が承認した。

国家に格段の貢献があった人物が元老に任命され、山県、松方、桂は首相を務めた。井上は外務大臣などを歴任し、大山は薩摩出身ながら陸軍において重大な地位を占めた。

辛亥革命は天皇制の危機でもあった

中国で辛亥《しんがい》革命が起き、わが国にも波紋を広げる。『近代国家への模索』などによる。

中国では十七世紀に今の東北部から出た満州族が清帝国を打ち立て、人口のごく一部にすぎない満州族が漢民族などを支配した。しかし、十九世紀にアヘン戦争や日清戦争に敗れて清帝国は衰え、一九一一年の辛亥革命により崩壊した。代わって人口の大半を占める漢民族が主導権を握った。

一九一一年十月に長江中流の武漢地域で反乱が起こり、各地の反清勢力も決起した。翌年一月一日に革命家の孫文《そんぶん》が中華民国臨時政府の樹立を宣言し、二月に清朝皇帝の宣統帝溥儀《ふぎ》が退位し、ここに満州族の中国支配は終了した。一連の流れが辛亥革命で、一九一一年の干支《えと》が「辛亥」だったためこう呼ばれる。

中国は清帝国に至るまで中華皇帝を頂く君主制の国であった。しかし、革命により共和制に移行し、これはわが国の指導層にとり大いなる脅威であった。

君主制は一定の血筋の者が最高権力者となり、これが代々受け継がれる。大日本帝国は天皇を最高権力者とする君主国であった。これに対し、共和制では世襲の君主が存在せず、複数の有力者が権力を分かち合う。宣統帝溥儀の退位と清朝の崩壊をわが国に当てはめると、天皇はその地位を失い、大日本帝国も姿を消してしまう。驚天動地の変化である。

このため革命のわが国への波及が恐れられた。『日本政治史』により国内での反響をみよう。

山県派の一人であった枢密顧問官の都築馨六《つづきけいろく》は「一方にアメリカという共和国があり、ここにまた支那《しな》〔中国〕という共和国ができると、そのなかに日本がはさまって、いったいどうなると思うか」と述べ、天皇制の行く末を案じた。徳富蘇峰は論文『対岸の火』において「ペストは有形の病なり、共和制は無形の病なり」と共和制を病原菌にたとえ、「清国における共和政体の新設は、わが帝国の国是なる皇室中心主義と果たして衝突するところなきか」と飛び火を懸念した。

一方、自由主義に共感する新聞記者や弁護士、一部の政治家は辛亥革命に理解を示した。後に有力政治家となる中野正剛《なかのせいごう》はこのころ大阪朝日新聞の記者で、蘇峰に対抗して同名の論文『対岸の火』を著した。中野は君主制を支持しつつ、革命の興奮を国内の革新に転じようとし、その矛先は薩長閥に向かった。「隣邦革命の気運が我国に影響するありとせば……中略……政界の現状を打破する革新運動たらんのみ、詳言すれば、藩閥の打破のみ、腐敗政党の改造のみ」と論じ、「憲政を擁護する」ため「藩閥的勢力を破壊する」べきであると主張した。

五章
大正政変とシーメンス事件

陸軍大臣不在による内閣崩壊

辛亥革命は漢民族が異民族支配を覆した革命であるから「民族自決」の一つであり「民衆の台頭」の一つであった。日本では中野正剛が力説した「藩閥の打破」が第三次桂太郎内閣の崩壊となって実現し、この「大正政変」は「日比谷焼き打ち事件」に続き「民衆の台頭」を天下に知らしめる。以下『大正史講義』などによる。

韓国併合に伴い陸軍は朝鮮に二個師団を増設するよう求めた。しかし第二次西園寺内閣は財政難などからこの要求を拒否し続けた。これへの不満が高じ、一九一二年（大正元）十二月、上原勇作《うえはらゆうさく》陸軍大臣が首相を経由することなく天皇に直接辞表を提出し、辞職してしまった。大日本帝国憲法では陸相の任命権は天皇にあり、違法ではなかった。しかし、明らかに総理大臣を軽んじる行為で、慣行上は大きな問題であった。

桂太郎はこのとき天皇に宮中で仕える内大臣《ないだいじん》兼侍従長を務めていた。これには背景があり、桂は二次の内閣で合わせて八年近く政権を担当した。この実績から山県の思いどおりに動かなくなり、山県はこれを嫌って宮中に封じ込めた。

ここに上原の辞職が生じ、桂にとり宮中から脱出し、総理に返り咲く好機となった。桂は二個師団増設で妥協しないよう陸軍幹部に働きかけ、陸軍は上原の後任の陸軍大臣を指名しなかった。陸相不在では内閣として機能できず、西園寺は一九一二年十二月五日に内閣総辞職を表明した。

後継総理を選ぶ元老会議が開かれた。西園寺再任の案もあったが、侮辱された西園寺が引き受けるはずもなく、他の有力者も陸軍との対決を避けて辞退した。陸軍関係者しか残らず、結局、桂の思わくどおり桂に落ち着いた。天皇が組閣を命じたのは十二月十七日で、総辞職表明から十二日を要する迷走であった。

民衆の怒りが桂首相を退陣に追い込んだ

一九一二年（大正元）十二月二一日、第三次桂太郎内閣が発足した。桂は政権基盤を固めた後、二個師団増設を実現する腹であったろう。しかし民衆が許さなかった。

右でみたように山県と桂の関係は円滑でなく、長州軍閥が計画的に桂を首相に据えたわけではない。しかし、内情を知らない国民には陸軍が西園寺内閣を倒し、その後に陸軍の桂が座ったと映る。長州軍閥が一体となって仕組んだ策謀と受け取られた。

政党人はもとより長州軍閥への対抗意識がある。桂の返り咲きに猛反発し、「憲政擁護・閥族打破」を旗印とする「第一次護憲運動」が始まった。

『新版近代日本政治史』によると「憲政擁護会」が運動を先導し、尾崎行雄《おざきゆきお》、犬養毅《いぬかいつよし》ら慶應義塾出身の政治家がこの会を率いた。組閣命令から二日の十二月十九日に東京の歌舞伎座で第一回大会が開かれた。「政財界や言論界から集まった三千余名の熱気は満堂を圧していた」という盛会となり、「久しく政界の表舞台から退いていた板垣退助《いたがきたいすけ》までが馳せ参じた」。第二回大会は一九一三年一月にこれも東京の歌舞伎場の新富座《しんとみざ》、第三回大会は二月に大相撲の両国《りょうごく》国技館で開かれた。尾崎や犬養は「憲政の神様」とたたえられ、両者が壇上に登ると敬意を表すべく「脱帽」「脱帽」の声が沸き起こったという。

桂太郎

新聞も筆をそろえて軍閥を批判し、『大正ニュース事典』収録の時事新報の記事によると同年一月、全国の一二〇を超える新聞の代表が東京に集まった。尾崎や犬養も招かれ、「閥族の掃討」「桂内閣の弾劾」などが決議された。大会は午後二時に始まったが、「(演説者)が入れ代わり立ち代わり時局を痛論し、全く散会したるは午後六時を過ぐる三十分なりき」という盛り上がりであった。東京のみならず、全国各地で「憲政擁護・閥族打破」を訴える県民大会が開かれた。

一九一三年二月十日、桂に抗議する群衆が国会議事堂を取り囲んだ。現在の国会議事堂は一九三六年（昭和十一）に完成し、以前の議事堂は現在の経済産業省本省の付近にあった。『大正ニュース事典』収録の時事新報の記事によると、治安当局は二五〇〇名の警官を配置していた。しかし、十日正午には押し寄せる群衆により議事堂付近は「蟻《あり》のはうべき余地」もなくなり、やがて警察の警戒線を破って議事堂正門前に「百人、千人」と流れ込んでいった。警官隊との衝突があちこちで生じ、時事新報は「民衆はただ熱狂するのみ、いつ覚めるとも想像だも許さぬ」と報じている。

群衆はさらに十日、桂内閣寄りの国民新聞社、都《みやこ》新聞社など新聞六社を襲撃し、双方に多数の負傷者が出た。「日比谷焼き打ち事件」と同じように都内各所の警察署や交番に火が放たれた。上野警察署では無数の群衆を前に「警官は本署を捨てて逃げ出し」、群衆の放火により同署は焼失した。

軍隊まで動員され、警官と兵士が並んで桂首相の公邸と私邸を守る異常事態となった。桂内閣の命運は尽き、『新版近代日本政治史』によると衆議院議長の大岡育造《おおおかいくぞう》が「これが端緒になって、内乱になるかも分からん」と桂に辞任を懇請し、翌二月十一日に桂内閣は総辞職した。二か月に満たない短命内閣であった。

海軍大将の山本権兵衛が総理大臣に就任

元老会議は再び後継総理を審議し、『新版近代日本政治史』によると山県有朋は西園寺公望の返り咲

山本権兵衛

きを唱えた。桂園時代の継続である。しかし西園寺は辞退し、代わりに山本権兵衛《やまもとごんのひょうえ》を推した。これに従い元老会議は山本を選んだ。

　山本権兵衛は薩摩出身の海軍大将で、一九〇六年初めまで七年余り海軍大臣を務めた。海軍力の整備に努め、海軍「生みの親」である勝海舟《かつかいしゅう》に次いで「育ての親」とも呼ばれた海軍随一の実力者であった。長州軍閥と政党勢力の対立により桂内閣が倒れた後、中立的な薩摩出身の山本が適任と西園寺は判断したようである。

　山本は政界に足場がなく、西園寺は入閣しなかったものの、政友会の議員が閣僚に名を連ねて山本を支えた。一九一三年（大正二）二月二〇日に山本権兵衛内閣が発足し、人々の期待どおり長州軍閥の打破につながる政策を実行した。

　一つは陸海軍大臣の予備役《よびえき》への拡大である。陸海軍大臣はそれまで現役の軍人に限られていたが、現役を退いた予備役も就任可能とした。現役の軍人は政党への加入を禁じられたが、予備役は入党可能で、政党人の軍部大臣の誕生につながりうる改正であった。文官の資格を定めた文官任用令も改正された。内閣の裁量で選べる官僚の枠が広がり、官僚に対する統制が高まった。

　一方、長州軍閥では一九一三年十月に桂太郎が没した。桂は辞任直前の同年二月七日、協力的な衆院会派を集めて新政党「立憲同志会」を立ち上げ、巻き返しを図った。これは失敗に終わったが、同会は桂の死後も引き継がれ、憲政会、立憲民政党へと発展する。

軍事費の使途に疑惑の目が向けられた

右でみたように山本権兵衛内閣は民衆の期待に応えた。しかし皮肉なことに山本内閣の末期にも民衆が国会議事堂を取り囲む。原因は「シーメンス事件」である。

『日本史大事典』などによると一九一四年（大正三）一月、ドイツで行われた裁判で独シーメンス社が日本の海軍高官に賄賂《わいろ》を贈ったとする書類が示された。これが日本でも報じられ、大騒ぎとなった。

シーメンス社はこのころ世界有数の電機関連メーカーで、日本海軍にも製品を納めていた。海軍当局は支払い代金の三・五％から十五％を賄賂として受け取ったと報じられ、英国の軍需会社ヴィッカース社との間にも贈収賄があったとされた。日本の新聞はこれらの疑惑を連日報道し、帝国議会では海軍出身の山本首相、斎藤実《さいとうまこと》海軍大臣が問い詰められた。二人は告発されなかったが、複数の関係者が有罪判決を受け、事件はさらに山本内閣の崩壊につながる。

戦前の軍事費は今日よりはるかに多額で、一九一〇年代前半は国家予算の三分の一ほどを占めた。陸海軍に膨大な資金が流れ、しかもその使途は軍事機密という厚いとばりに包まれた。不正が発生しやすい環境にあり、かねて陸海軍の高官に疑惑の目が向けられていた。『ニュースで追う明治日本発掘』に収録された一九〇九年二月の読売新聞の記事は次のように述べている。

「陽に清廉潔白をよそおい、陰に不潔殺風景を演じ、無数の軍需品買い入れに対して常に少なからざるコンミッション〔手数料〕を巻き上げ、ひそかに舌を出してそのうまき汁に口なめずりをなしつつある陸海軍部内の暗黒面は、その悪習のよって来たるところ、決して昨今の事にあらず」

賄賂が陸海軍に蔓延《まんえん》しているとし、この記事はさらに山本権兵衛の実名まで挙げて「その〔手にした〕金額は無慮数百万の多きに達し」と指摘している。

シーメンス事件に怒った群衆が国会議事堂を取り囲んだ

右のみならず他の新聞にも同じような記事が掲載されたであろう。シーメンス事件はこの疑惑を裏づけることになり、一年前の大正政変に続く大規模な騒乱が生じた。

『大正ニュース事典』収録の大阪毎日新聞の記事によると、一九一四年（大正三）二月十日、日比谷公園で国民大会が開かれた。四五〇〇名の警官が警戒するなか、朝十時ごろ「四万の大群衆」が「うなりを立てて潮《うしお》のごとく押し寄せ」た。大会主催者が「国民は衆議院に向かって、現内閣の弾劾を要望す」と決議文を読み上げると、四万人の群衆が国会議事堂に向かった。

「一同ドッと鬨《とき》の声を揚げて音楽堂に突進し、『大正憤虎団』の旗を押し立てつつ、『衆議院を包囲して国民的示威を決行すべし』と絶叫し、ドッとばかりに衆議院の正門前に押し寄せたり」

時事新報の記事によると、群衆は衆議院正門から突入を試み、一部が侵入に成功した。与党政友会の議員を門の近辺で待ち構え、政友会は自動車で議員を脱出させた。党本部のある芝公園と議事堂の間に数台の車を何度も走らせ、夕方六時前にようやく撤退を完了した。

議事堂周辺の騒ぎは沈静化したが、大阪毎日新聞の記事によると、群衆は政府寄りの新聞社に押し寄せ、中央新聞社付近では警官隊が抜刀して群衆に切りかかった。同記事は「巡査はほとんど狂気のごとくこれを追い散らさんとし……中略……警官に斬らるるもの無数にて」と報じた。

東京日日新聞の記者も混乱のなかで切りつけられ、負傷した。同紙は「警官の凶暴悪虐、まことに極まれるにあらずや。これ警視庁の責任なり、これ現内閣の責任なり」と政府を強く非難した。

騒ぎは十二日夜まで続き、この夜のみで四六〇人余りが検挙された。

山本首相の後任に大衆的人気の大隈重信

議場においても山県派の貴族院が山本権兵衛内閣を攻め立てた。新年度予算案は衆議院を通過した。しかし、貴族院は海軍拡張費を大幅に削減し、両院の予算案が食い違った。両院協議会が開かれ合意に達したが、貴族院は本会議でこれを否決してしまった。今の憲法では予算について衆議院の議決が優越するが、戦前はこれがなく、予算案は宙に浮いた。山本首相は進退窮まって一九一四年（大正三）三月二四日に内閣総辞職を表明した。

陸軍の桂太郎に続いて海軍の山本権兵衛も総理の椅子を追われ、新首相に軍人は充てられない。山本内閣は政友会に支えられたため、政友会の首相も適任ではなかった。そして元老会議が次期総理に推したのは大隈重信《おおくましげのぶ》であった。

大隈は立憲改進党の創設者として知られ、一八九八年に総理大臣に就任した。この第一次大隈内閣はわが国初の政党内閣で、板垣退助と結んだため「隈板《わいはん》内閣」と呼ばれた。しかし両派の抗争により四か月余りの短命内閣に終わった。

大隈は一九〇七年に政界から引退し、早稲田大学の経営に力を注いだ。一九一四年に満七六歳の高齢に達したが、佐賀出身の大隈は薩長いずれの閥にも属さず、軍事とも政友会とも無縁であった。二つの軍人内閣が倒れた後、大隈のほかに民衆の意にかなう人物はないと元老会議は考えた。

『日本政治史』によると大隈は「早稲田の私邸（現在の大隈会館）に内外の客をあつめて放談し、各地を旅行して庶民の前に大風呂敷をひろげ、大きな人気をあつめていた」。この人気は「民衆の怒りが包んだ二次にわたる政変のあとを収拾するという便宜があった」。

民衆の怒りが大衆的人気の大隈を総理の椅子に呼び戻した。

六章
大隈内閣と「二十一カ条の要求」

大隈内閣は元老の影響下にあった

一九一四年（大正三）四月に第二次大隈重信内閣が発足した。大隈は政党に属さず、加藤高明《かとうたかあき》が率いた立憲同志会、尾崎行雄の中正会《ちゅうせいかい》が内閣、衆議院の双方で大隈を支えた。立憲同志会は前述のように桂太郎が創設した。

以前の総理は薩長出身が大半で、西園寺公望も公家だった。庶民と距離があり、大衆的人気の大隈内閣は「民衆の台頭」を映す内閣とも言えた。しかし実際は元老たちの強い影響下にあった。桂太郎の死去により元老は四人となり、『昭和史を語る 一』によると井上馨が大隈を新総理に推した。大隈はリベラルな傾向があり、山県有朋は反対した。しかし、大正政変とシーメンス事件の余波を収拾できる人材はほかに見当たらず、山県も承諾した。

大隈にすれば引退の身に思わぬ指名を受けた。元老たちに恩義を感じ、彼らの要求を拒めなかった。『昭和史を語る 一』によると「大隈内閣は元老のかいらい」であった。

この経緯であるから山県は大隈内閣を「つなぎ」の政権とみていたであろう。しかし第一次世界大戦を追い風として二年半の内閣となる。

南洋諸島と山東半島を支配

大正政変のきっかけは二個師団増設問題であった。政変により増設は見送られたが、陸軍はあきらめず、大隈首相に増設を迫った。しかし、わが国は日露戦争の軍事費を多額の債券発行でまかない、賠償金も受け取らなかった。財政難が続いていた。

組閣から三か月後の一九一四年（大正三）七月、第一次世界大戦が勃発した。ドイツやオーストリアが「同盟国」陣営を形成し、これと英国、フランス、ロシアなどの「連合国」陣営が戦った。

大戦は大隈内閣にとり希望の光となり、一つはドイツがアジア太平洋に保有した権益の獲得である。『日本外交史概説』などによる。

わが国は一九〇二年から英国と同盟関係にあり、これに基づいて参戦すればドイツの権益を奪える。外務大臣の加藤高明が積極的に動き、わが国は一九一四年八月、ドイツに宣戦布告した。

ドイツ軍はヨーロッパでの戦いに全力を挙げており、大規模な抵抗はなかった。日本軍は十月、ドイツが西太平洋に領有していた南洋諸島の北半分を管理下に置いた。十一月には中国の山東半島を中心とするドイツの勢力圏を支配した。アジア太平洋でドイツ軍が英国軍を攻め立てたわけではなく、明らかに権益目当ての参戦であった。

二個師団増設の実現と大戦景気

大隈内閣は帝国議会に二個師団増設の法案を提出したが、衆議院で過半を占める政友会が反対し、否決された。大隈はこれに解散で応え、一九一五年（大正四）三月に衆議院議員選挙が行われた。

大隈陣営が圧勝し、『政党政治と天皇』によると大隈支持の立憲同志会など三派で五五％の議席を獲得した。第一党は立憲同志会（一四四議席）で、政友会（一〇六議席）は第二党に転落した。同書は勝因として、山東半島の支配が国民に評価されたこと、大隈の大衆的な人気、大浦兼武《おおうらかねたけ》内務大臣の指揮による大規模な選挙干渉を指摘している。

四章で述べたとおり韓国併合は多くの国民に歓迎され、山東半島の支配も同じであった。どちらも他国を侵す行為であり、今日の価値観からすると歓迎すべき出来事ではない。しかし、世界的にみて当時は「帝国主義」の時代であった。欧州の強国は世界各地に植民地をもち、その広さが国威を示す時代であった。この雰囲気のなか人々は勢力圏の拡大を歓迎した。

内務大臣は内政において総理大臣に次ぐ要職で、内務省は今日の総務省、国土交通省、厚生労働省を併せたような巨大官庁であった。警察も管轄し、知事など地方官の人事権も握った。大浦内務大臣はこれらの権限を活用して選挙に干渉した。『新版近代日本政治史』によると「巡査（警察官）による内偵、尾行、投票命令、買収幇助《ほうじょ》〔支援〕などが白昼横行」したという。

総選挙での大勝を受けて大隈内閣は二個師団増設を決定し、大戦による財政の好転もこれを後押しした。

参戦した欧州諸国は兵器や弾薬の生産に全力を挙げたが、それでも不足し、わが国や米国から大量に輸入した。軍需品に注力したため欧州における生活用品の生産が縮小し、わが国や米国がその穴を埋めた。わが国の輸出は著しく増え、これを原動力に空前の「大戦景気」となった。税収も増え、師団増設の余裕ができた。

「二十一カ条の要求」による日中関係の悪化

山東半島を支配した後、わが国は一九一五年(大正四)一月、「二十一カ条の要求」を中国政府に示し、さらなる権益の拡大を図った。

「要求」の内容は多岐にわたり、南満州や山東半島における権益の確保、遼東半島の租借地における租借期間の延長などが含まれた。「第一号」から「第五号」の五つに分かれ、要求の強さも従来の権利を確認するもの、新たな要求などさまざまであった。

多岐にわたった理由は大隈内閣の「かいらい」的性格である。『昭和史を語る一』によると、加藤高明外相は租借期間の延長など一部の要求のみを予定していた。ここに元老たちや陸軍からの要求が積み重なり、二一もの多数になった。

全五号のうち「第五号」が最も強硬で、政治、財政、軍事に関する顧問の派遣、一部地方における日中合同警察の組織などが含まれた。わが国は三次の日韓協約により段階的に韓国の主権を奪ったが、これと同じ姿勢であった。あまりに露骨なため加藤外相も第五号は控えめに「希望事項」とし、交渉も秘密裏に行う考えであった。

しかし「希望」としてもやはり要求である。中国側は反発し、中国国内、海外の新聞に「二十一カ条の要求」の情報を漏らした。海外メディアはこぞって日本を批判したが、わが国の新聞や知識人は日本政府を支持した。

『大正史講義』によると、大阪朝日新聞は「終始要求貫徹を主張」する立場で、野党となった政友会の機関紙も「内閣が『軟弱』なために要求を貫徹できない」とする強硬論であった。民本主義を唱えたリベラル派学者の吉野作造《よしのさくぞう》でさえ「第五号を含めて、日本の要求が『最低限度』のものだと支持し」、批判論はごく一部であった。

交渉は難航し、わが国は第五号を落として条件を緩和した後、最後通牒《つうちょう》を発した。中国側は圧力に屈して一九一五年五月九日、「二十一カ条の要求」を受諾した。この経緯から「五月九日」は中国において国の恥をさらした「国恥《こくち》記念日」と呼ばれた。

撤回されたものの「第五号」はわが国指導層の支配欲が中国に広がりつつあることを示していた。また新聞や知識人も政府支持に回り、こと勢力圏の拡大については党派や思想を超えた一致が存在したことが分かる。人々は帝国主義の時代を生きていた。

朝鮮総督の寺内正毅が総理に就任

二個師団増設は長州軍閥の宿願であったから、増設実現により大隈政権の存在意義は低下した。一九一六年（大正五）に入ると後継総理が模索され、大隈は加藤高明を推した。しかし大隈政権を誕生させた井上馨が前年九月に没し、元老内の後ろ盾を失っていた。一方、長州軍閥を率いる山県有朋は朝鮮総督の寺内正毅を総理に据えようとした。

大隈重信

一九一六年十月、大隈は天皇に辞任を申し出、辞表中で加藤を後継総理とするよう嘆願した。天皇に直訴する異例の行動であったが、山県の意を受けた元老たちは寺内を推薦し、同月、寺内内閣が発足した。西園寺公望が新たに元老に加わっていた。

寺内は長州出身である。四章で述べたとおり陸軍大将で、一九〇二～十一年に陸軍大臣を務めた。長州軍閥の復活を鮮明に示す人事であった。桂内閣の倒壊から三年半余りが経過し、山県は十分ほとぼりが冷めたと考えたようである。

四章で桂園時代に言及した。桂と西園寺が交代に政権を担当し、この交代は「たらい回し」とも形容される。山県は桂園時代のような陸軍軍人と政党人の政権交代により、長州軍閥の利益を確保しようと考えていたであろう。しかし、第一次世界大戦の結末は「たらい回し」を許さず、わが国は政党政治の時代に向かって歩み始める。

七章　第一次世界大戦による「民衆の台頭」

ロシア革命によるロシア帝国の崩壊

第一次世界大戦はロシア革命、諸帝国の崩壊という世界史的な大変動をもたらした。

二章で述べたとおりロシアには反乱の伝統があった。この伝統は絶えることなく続き、世界初の社会主義革命が成し遂げられる。

『ロシア史』によると、鉄類が兵器生産に振り向けられ、鉄道車両の生産が落ち込んだ。このため物品の輸送が滞り、深刻な食糧難となった。国民の不満が高まるなか、宮廷においても「怪僧」ラスプーチンが権勢を振るうなど動揺が絶えなかった。中央アジアやシベリアでは、少数民族が戦時労働への動員を拒み、各地で反乱を起こした。

不安定な情勢下、一九一七年二月二三日（ロシア暦、以下同）に首都サンクト・ペテルブルクのいくつかの工場で女性労働者が「パンよこせ」のストライキを始めた。他の工場労働者も加わり、二五日には首都全体にストが広まった。鎮圧のため軍隊が動員されたが、軍隊の一部も労働者側に付き、時のゴリツィン内閣は政権を投げ出した。

三月に入ると反政府諸勢力を集めた組織「ソビエト」が結成され、ソビエトが支える「臨時政府」が樹立された。

『世界歴史大事典』によると、時の皇帝ニコライ二世は今のベラルーシで軍隊を指揮していた。首都の騒乱をみて、部隊に首都への進軍を命じたが、将兵たちは動かない。民衆ばかりか軍人の心も皇帝から離れ、ニコライ二世は三月二日、弟のミハイル大公に帝位を譲ろうとした。しかし、ミハイルはこれを拒んで臨時政府に支配権を託し、ここにロシア帝国は崩壊した。三〇〇年余りの長きにわたってロシアを支配したロマノフ王朝の終焉《しゅうえん》であった。

ドイツ、オーストリアでも革命勃発

右の経緯で「二月革命」が達成され、政権は臨時政府に移った。この政府は自由主義者、社会主義者などから成る寄り合い所帯で、激烈な党派間の闘争が繰り広げられた。その結果、一九一七年十月（ロシア暦）までにボリシェビキが権力を握り、その指導者は「ロシア革命の父」とも呼ばれるウラジーミル・レーニンであった。この「十月革命」により世界史上初の社会主義政権が樹立された。「ロシア人民の権利の宣言」に政権の性格が示されているので、『世界をゆるがした十日間』から一部を引用しよう。

ウラジーミル・レーニン

「労働者、農民の十月革命は、解放という共通の旗印のもとで開始された。農民は地主の権力から解放されつつある。なぜなら、土地にたいする地主の所有権はなくなったからだ――それは廃止されたのだ。兵士と水兵は専制的な将軍の権力から解放されつつある。なぜなら、将軍は今後は選挙制となり、リコールに服するからだ。労働者は資本家の気まぐれと専横から解放されつつある。なぜなら、今後は工場の労働者管理が確立されるからだ。一切の生きているものならびに生きうるものは、憎むべき束縛から解放されつつある」

ロシアの農民、兵士、労働者の解放を高らかに宣言するとともに、旧体制の廃絶を世界に告げた。「民衆の台頭」における巨大な一歩であった。

ロシア新政府は十月に「平和に関する布告」を発表し、大戦の交戦諸国に即時停戦と講和を求めた。他国の土地を領土としない「無併合」、相手国に賠償を求めない「無賠償」などを呼びかけ、旧来の「帝国主義」を否定する内容であった。しかし連合国側の諸国はこの布告を拒否し、ロシア新政府は単独で講和交渉を行った。一九一八年三月、ドイツなど同盟国側とブレスト・リトフスク条約を結び、ロシアは戦線から離脱した。

他の諸国は戦闘を続けたが、世界最大の工業国である米国が前年四月に連合国側に加わって参戦し、同盟国側に勝ち目はなかった。一九一八年九月にブルガリア、十月にオスマン帝国が連合国側と休戦協定を結び、事実上の降伏であった。

オーストリアも十一月に休戦した。皇帝カール一世は後に退位して国外に去り、オーストリア帝国に幕が引かれた。政体は共和制に移行し、一連の流れは「オーストリア革命」と呼ばれる。

ドイツにおいても十一月、反政府運動が高まり、社会民主党を中心とする勢力が共和国を宣言した。皇帝ヴィルヘルム二世は退位し、オランダに亡命した。ここにドイツ帝国も崩壊し、一連の流れは「ドイツ革命」と呼ばれる。ドイツは同月、連合国側と休戦協定を結んだ。

こうして同盟国側の四国はすべて降伏し、第一次世界大戦は終結した。書籍『第一次世界大戦』によると、同盟国側の戦死者は四八一万人、連合国側は五二八万人に達し、合わせて一千万人を超えた。民間人を加えた全体の死者は二千万人を上回るとみられている。

ウィルソン米大統領の「十四カ条」

第一次世界大戦の終結を受けて一九一九年一月、フランスのパリで講和会議が開かれ、わが国は米英仏伊の四国と並ぶ「五大国」の一つとして参加した。

五大国とは言うものの格差は大きく、大戦により欧州諸国が疲弊する一方、米国の国力はむしろ増進し「超大国」とも呼べた。『近代国際経済要覧』掲載のクチンスキー推計によると、米国の工業生産は一九二〇年、世界全体の実に四七%を占めた。他の五大国は英国十四%、フランス五%と続く。イタリアと日本は記載がないが、フランスより低位であったことは明らかである。

米国にはヨーロッパの政局に関わらない「モンロー主義」の伝統があった。第一次世界大戦への参戦によりこの伝統が破られ、講和会議においても重要な役割を演じる。

米国の代表は学者出身のウッドロー・ウィルソン大統領であった。人間の理性と良心に期待する理想主義者として知られ、この思想を背景として交戦中の一九一八年一月に「十四カ条」を発表した。連合国側の勝利を前提とする戦後構想で、軍備の削減、東欧ならびにオスマン帝国領内における民族自決、国際平和機構の創設などが盛り込まれた。

国際連盟の発足と東欧諸国の独立

一九一九年六月、ドイツと連合国側諸国との間で講和条約が結ばれ、ヴェルサイユ条約と呼ばれる。ドイツ以外の同盟国側諸国も同様の条約を締結し、大戦は国際法の上でも終結した。

これらの条約に「国際連盟」に関する規定があり、これに基づき国際連盟が発足した。しかし、米国でモンロー主義が息を吹き返し、上院の反対により連盟加盟が見送られた。国際連盟は超大国の米国を欠いたまま一九二〇年一月に発足し、わが国は英仏伊三国と並んで常任理事国となった。

米国に加え革命進行中のロシアも加盟しなかったため、国際連盟は今日の国際連合に比べずっと弱い組織であった。しかし、人類史上初めて世界的な国際平和機構が結成された意義は大きく、ウィルソンの理想はここに一つ実現した。

「十四カ条」には民族自決の原則も含まれ、こちらも実現した。同盟国側はヴェルサイユ条約などにより東欧の支配地域を放棄した。チェコスロバキア、ユーゴスラビアなどが独立し、ポーランドも復活した。ロシアの支配下にあったバルト三国も独立した。

チェコスロバキアは大戦終結前の一九一八年十月に独立を宣言し、その「マルティン宣言」は次のように結ばれている。『世界史史料』による。

「前代未聞の抑圧にもかかわらず、このような民族文化の段階に成熟した我が勤勉で有能なスロヴァキア民族が、講和の祝福と諸民族の共同体から排除されることなく、みずからの性格に従って発展することができ、みずからの力量に従って、人類の普遍的進歩に貢献するように求められるだろうことを、われわれは確信している」

民族の自立を宣言するとともに、人類全体への貢献を誓っている。

その一方、ドイツとオスマン帝国がアジア・アフリカで支配した諸地域は、米国を除く戦勝諸国の領土欲が強く、パリ講和会議での交渉は難航した。ウィルソンは民族自決を主張したが、諸国の抵抗は強く、最終的に「委任統治」という形で戦勝国が実質的に支配することになった。わが国は前述のとおり旧ドイツ領の南洋諸島を占領しており、諸島は「委任統治」に移行した。

朝鮮の三・一運動は「民衆の台頭」の一つだった

ロシア革命は農民や労働者の「解放」を宣言し、東欧諸国の独立は「民族自決」の実現であった。これら「民衆の台頭」の波は東アジアにも及び、朝鮮の三《さん》・一《いち》運動、中国の五《ご》・四《し》運動が生じる。

朝鮮は一九一〇年にわが国に併合されたが、ヨーロッパでの動きに触発され、朝鮮内のみならず世界各地の朝鮮人が独立を模索し始めた。『朝鮮史』などによる。

東京で一九一九年二月、六百人の朝鮮人学生が朝鮮の独立を宣言し、彼らの多くは朝鮮に戻って独立運動に加わる。朝鮮では宗教指導者が名を連ねた独立宣言書が作られ、各地に送られた。

一九一九年三月一日、ソウルのパゴダ公園〔今のタプコル公園〕で学生が宣言書を読み上げると、市民は口々に「独立万歳」を叫び、大規模なデモに発展した。ピョンヤンなど六か所でもデモが行われ、この日付にちなみ「三・一運動」と呼ばれる。

『世界史史料』に宣言書の和訳が掲載されている。宣言は「われらはここに我が朝鮮の独立国であることと朝鮮人の自主民であることを宣言する」の一文から始まり、日本による併合は「旧時代の遺物である侵略主義、強権主義」に基づくとし、朝鮮支配は「東洋安危〔安全か危険か〕の主軸である四億の支那人《しなじん》〔中国人〕の日本に対する危懼《きく》〔恐れ〕と猜疑《さいぎ》〔疑い〕をますます濃厚にさせ、その結果として東洋全局の共倒れ、同時滅亡の悲運を招くであろうことは明らかである」と警告している。この言葉どおり東洋は後に「共倒れ」の危機に陥る。

運動は朝鮮全土に広がり、日本の朝鮮統治機関である朝鮮総督府は警察ばかりか軍隊まで動員して鎮圧した。

松尾尊兊《まつおたかよし》が『大正ニュース事典』に「三・一運動と五・四運動」と題する解説文を書いている。松尾が引いた日本側統計によると朝鮮全土の三二二郡二島のうち検挙者がなかったのは五郡一島のみであった。津々浦々に波及する大規模な民族運動で、検挙者も二万六千人を上回った。

中国の五・四運動も「民衆の台頭」の一つだった

六章で「二十一カ条の要求」に言及したが、この問題が再び争点となった。『総力戦とデモクラシー』によると、中国政府はパリ講和会議で「二十一カ条の要求」に基づく日中間の諸協定を論題とし、その見直しを求めた。中国は一九一七年八月にドイツとオーストリアに宣戦布告し、戦勝国の一つとして講和会議に参加していた。

わが国は依然として帝国主義に染まり、中国の主張を退けた。中国側に理解を示す参加国もあったが、わが国は講和会議からの脱退も辞さない強硬姿勢を貫いた。その結果、山東半島におけるドイツの権益などを日本に譲渡する条文がヴェルサイユ条約に盛り込まれる方向となった。中国の人々はこの動きに激しく反発した。

右の「三・一運動と五・四運動」によると一九一九年五月四日の午後一時、北京の天安門広場に三千人の学生が集まり、ヴェルサイユ条約への反対を表明した。五・四運動の始まりである。

この「北京学生界宣言」の和訳が『世界史史料』に掲載されている。宣言は「青島を返還し、中日の密約や軍事協定およびその他の不平等条約を廃棄することは公理であり、すなわち正義である」と中国側の主張を支持し、「どうして強暴（な日本）がわれわれを凌辱《りょうじょく》し、圧迫し、奴隷化し、牛馬のようにするのを見ながら、万死に一生を求める叫び声を上げずにいられようか」と日本の非道を責めている。そして「国民大会を開いて、街頭で演説をし、（要求の）堅持を電報にて広く伝えることが、今日の重要な策である」と人々に行動を呼びかけている。

抗議の波は天津、上海、武漢などに広がり、学生たちは授業に出ない罷課《バアクウ》に踏み切った。日本の要求により中国政府が一千人の学生を拘束し、これが人々の民族意識に火をつけた。商店を閉めて抗議の意思を示す罷市《バアシィ》が全国二七市で行われた。六月には各地の労働者がストライキに入り、罷工《バアコン》と呼ばれた。

この激しい三罷《サンバア》に直面し、中国政府は拘束した学生の釈放、親日派高官の免職などの対応をとった。さらに六月下旬、ヴェルサイユ条約の調印を見送った。

こうして東アジアにおいても「民衆の台頭」が進んだ。

八章
米騒動と原内閣

革命後のシベリアに大軍を出兵

朝鮮の三・一運動、中国の五・四運動はともに計画的な「民衆の台頭」だった。この半年余り前、日本では米騒動《こめそうどう》という自然発生的な「民衆の台頭」が起きた。きっかけはシベリア出兵だった。

ロシアは革命の後、社会主義の実現に向けて歩み始めた。資本主義を否定し、労働者や農民を主役とする新たな社会を打ち立てようとした。諸国にとり大いなる脅威であり、諸国はロシアに残る反革命勢力を支援した。

まだ大戦の最中で英国やフランスは同盟諸国との戦いに追われていた。米国とわが国に期待が集まったが、どちらも介入をためらった。そこにチェコの部隊の孤立が伝えられ、流れが変わる。

『国史大辞典』などによると、チェコ軍は大戦中にロシア帝国軍と手を結び、このため革命後、革命軍と敵対関係になった。一九一八年五月、シベリアに取り残されたチェコの部隊が危機に陥っているとの情報が世界に流れた。この情報には誇張が含まれていたが、米ウィルソン政権はこれに押される形でシベリア派兵を決定し、わが国に日米それぞれ七千人の派兵を提案した。

米国はこの規模の陸軍部隊を派遣し、英国、フランスなども小規模の部隊を送った。そのなかで日本は七万三千人もの陸軍部隊を北満州からシベリアに展開した。チェコ部隊の救援という目的に照らして明らかに過大で、勢力圏の拡大も意図されていた。

やがて革命後の混乱が収拾され、諸国の部隊は一九二〇年半ばまでに撤兵した。しかし、日本軍は規模は縮小しながらも駐留を続け、一九二二年十月にようやく撤兵を完了する。

シベリア出兵が米騒動を引き起こした

シベリア出兵は一九一八年（大正七）八月二日に発表されたが、これ以前から出兵必至とみられ、米価が高騰した。出兵となれば部隊が大量のコメを携え、国内のコメは品薄になる。これによる米価上昇を期待して商人たちが買い占めに走った。

米騒動は一九一八年七月二三日、富山県の漁師の町、魚津町《うおづ》（今の魚津市）で始まった。『大正ニュース事典』所収の富山日報の記事によると、魚津の港に停泊する汽船、伊吹丸に漁民たちが押しかけた。北海道向けにコメが積み込まれ、漁民たちは地域の米価がさらに上昇すると懸念した。富山日報は次のように報じている。

「〔漁民たちは〕群れを成して海岸に駆け付け、米を積ませじと大騒動に及びしため、〔積み込んでいた〕仲仕人夫《なかしにんぷ》もその気勢に恐れをいだき、ついに積み込みを中止したり……中略……〔伊吹丸は〕早々に錨《いかり》を抜いて北海道へ向け出帆せり」

積み込み阻止に成功した漁民たちは町内の米屋に押しかけた。

「細民《さいみん》らは喧騒裡《けんそうり》に凱歌《がいか》を奏して引き上げ、同夜、同町の米商店を戸別歴訪し、その窮状を訴うるとともに、他国へ米を搬出せぬよう懇談する処ありしという」

この騒動は、今は富山市に含まれる西水橋《みずはし》町ならびに東水橋町にも飛び火した。以下は『大正ニュース事典』所収の高岡新報による。

八月三日の夜、西水橋町の「漁師町一体の女房連は海岸に集合し、その数百七、八十名」に達した。女房たちは町内の有力者や米屋に窮状を訴えるとともに、コメを安価で売るよう懇請した。激しい言動も含まれ「もしこれを聴きいれざれば、家を焼き払え、一家を鏖殺《おうさつ》〔皆殺し〕せんと脅迫して、事態穏やかならず」となった。

東水橋町では八月四日の夜、女房たちを中心に「海岸に集合する者六、七百名の多数に及び、それらは隊を組みて町中に練り込」んだ。町内の有力者に尽力を求め、米屋に押しかけ、なかでも高松長太郎の店での騒動は波乱含みだった。高松は手広くコメを商い、一千俵を所有すると言われた。その妻が女房たちに「お前さん達のような者は食えねば死んでしまえ」と暴言を吐き、女房たちはその妻を「殺せと殺気立ちて、一事はいかなる椿事《ちんじ》〔重大事〕の出来《しゅったい》せんか測りがたき形勢」となった。

米騒動が寺内「非立憲」内閣を倒した

米騒動は富山から各地に飛び火し、打ち壊しや焼き打ちを伴う過激な騒乱に発展した。『国史大辞典』によると一九一八年(大正七)七月二三日～九月十二日に青森、岩手、秋田、沖縄の四県を除く全都道府県で示威や暴動が生じ、総計三六八市町村に上った。警察のみでは鎮圧できないため軍隊も動員され、本項目を担当した松尾尊兊は「銃剣や実弾に倒された死者が三十名以上」「検挙者は少なくても二万五千人」と記している。

米騒動は大正政変、シーメンス事件に続く民衆の騒乱であったが、これまでと異なり女性が動いた。高岡新報はここに着目し「露国の革命は竈《かまど》から起こった。ドイツの軍国主義も昨今ようやくその国内の竈から呪われて居る」と記した。七章で述べたようにロシア革命は工場で働く女性たちによる「パンよこせ」のストライキから始まった。ドイツ革命はこの記事の三か月後である。同記事はさらに「彼らの絶叫に共鳴したる思想の鎮圧をいかにする」と国民意識の変化を指摘し、政府に社会政策の充実を求めている。

ロシアやドイツのような革命は起きなかったが、米騒動は政権交代を促した。

六章の末尾で述べたとおり一九一六年十月、朝鮮総督の寺内正毅が総理大臣となった。寺内内閣は山県派の貴族院議員で固められ、政党色がなかった。寺内はまた幸運を呼ぶ神様「ビリケン」にそっくりの風貌で、人々は非立憲《ひりっけん》と掛け合わせて「ビリケン内閣」とからかった。

寺内正毅

七万三千人ものシベリア出兵を決めたのも寺内で、派兵が米価の高騰を招いたため民衆の不満は寺内に向かった。大阪毎日新聞が「現内閣は政治の衝〔重責〕に当たる資格を有せざるものなり」と述べるなど新聞各紙も批判の論陣を張り、寺内は窮地に陥った。

『新版近代日本政治史』によると山県有朋はまたもや西園寺公望に政権を託そうとした。桂園時代の「たらい回し」の再現であるが、西園寺は政友会総裁の椅子を原敬《はらたかし》に譲っていた。西園寺は原を推薦し、一九一八年九月、「平民宰相」原敬に率いられた原内閣が発足した。

米騒動が政権交代の主因であった。ジャーナリストの前田蓮山《まえだれんざん》が著した『原敬傳《はらたかしでん》』によると、前田が政権交代の背景を尋ねたところ、原は次のように答えた。

「米騒動だな。あの時もしわが党が、扇動でもしてみたまえ、大変なことになっていたにちがいないよ。官僚内閣の無力なことが、山県にも、よく呑み込めたのだ」

米騒動により「民衆の台頭」は一段と鮮明になり、国民的基盤をもたない政権は運営困難になろうとしていた。

原敬は華族でも士族でもない平民宰相だった

国民は「平民宰相、純政党内閣の出現を歓迎した」と前田蓮山は記している。陸海軍大臣、外務大臣を除く閣僚に政友会所属の議員が就任し、確かに「純政党内閣」の陣容であった。

「平民宰相」については、原の父親は盛岡藩（今の岩手県中部以北と青森県東部）の上級武士で、正確には平民ではなかった。しかし、原自身が十九歳になる一八七五年（明治八）に分家し、平民籍となった。分家の背景として徴兵の回避が指摘される。

生粋の平民ではなかったが、原は爵位がなく、歴代総理よりずっと民衆に近かった。爵位は華族に与えられる称号で、上から公爵《こうしゃく》、侯爵《こうしゃく》、伯爵《はくしゃく》、子爵《ししゃく》、男爵《だんしゃく》の五つである。初代の伊藤博文から寺内正毅まですべての総理大臣が爵位をもっていた。

原はまた衆議院議員で、衆議院議員の総理大臣は初めてだった。それまでは貴族院議員、軍人などであった。さらに盛岡藩は戊辰戦争で幕府側についた。以前の総理大臣はすべて倒幕方の出身で、幕府方は初めてだった。倒幕方でなく、華族でなく、士族でもなく、選挙民に選ばれた衆議院議員である原の首相就任に国民は拍手を送った。

国民の期待を背に原内閣は寺内ビリケン内閣とは異なる政策を打ち出した。『政党政治と天皇』によると内政では高等教育機関の増設と鉄道建設を積極的に推進した。原はまたウィルソン米大統領の思想に期待を寄せ「対米協調」「列強協調」を外交の基本とした。一九二〇年（大正九）五月の衆議院議員

原敬

選挙では、原の政友会は全議席の六〇％を占める歴史的な大勝を博した。

　原内閣は順調に進んだ。しかし一九二一年十一月四日、原敬は東京駅で刺し殺された。犯人は十八歳の少年、中岡艮一《なかおかこんいち》であった。右翼団体との関係も指摘されたが、確認されず、原の政策に怒った中岡の単独犯行とされた。

九章　「残された帝国」とワシントン体制

第一次世界大戦により四つの帝国が崩壊

ここまでの叙述を振り返ろう。わが国の指導層は軍事色の強い山県派、開明的な伊藤派に分かれ、伊藤博文が暗殺された後、山県派が優勢であった。しかし大正政変や米騒動にみられるように民衆はしばしば山県派の政権を窮地に追い込んだ。山県有朋らはこの風圧を政友会や大隈重信への政権移譲によりかわした。「たらい回し」の戦略である。

しかし第一次世界大戦の結果、世界的に軍国主義が後退し、代わって民主主義や社会主義が勢いを増す。わが国にもこの波は押し寄せ、「たらい回し」のような小手先の手法ではかわせなくなる。保守派はやがて天皇制の強化に乗り出す。

第一次世界大戦に戻って、わが国は「漁夫の利を得た」としばしば指摘される。小規模な戦闘により山東半島と南洋諸島を支配した。講和会議で五大国の一角を占め、国際連盟の常任理事国となった。確かに「漁夫の利を得た」ようにみえる。しかし、これは一面にすぎず、大戦はむしろわが国の指導者たちに不安をもたらした。

大戦により「帝国の崩壊」が生じた。「民族自決」の原則が打ち出され、ロシア革命により「社会主義」も実現した。これらが日本の指導層の心に影を落としたのである。

まず「帝国の崩壊」であるが、大戦により四つの帝国が滅亡した。連合国側はロシア帝国が革命により倒され、同盟国側はドイツ、オーストリア、オスマンの諸帝国が崩壊した。三つの帝国について七章で述べたが、残るオスマン帝国は以下である。『西アジア史』などによる。

オスマン帝国は一九一八年十月に連合国側と休戦協定を結び、事実上降伏した。皇帝メフメト六世は帝国の延命を図るべく連合国側に接近したが、連合諸国は分割統治をもくろんだ。トルコの人々は諸国に武力で抵抗し、指揮官は軍人のムスタファ・ケマルであった。

ケマルらは一九二二年秋、ギリシャ軍を主力とする連合国側の国外排除に成功し、さらにトルコの帝政を廃止した。メフメト六世は国外に亡命し、ここにオスマン帝国は六〇〇年を超える歴史の幕を閉じた。一九二三年十月に共和国宣言が行われ、ケマルが初代大統領に就任した。

わが国は「残された帝国」となった

第一次世界大戦を政治体制の面からみると「民主主義の勝利」であった。敗北したドイツ、オーストリア、オスマンは帝政から共和制に移行した。勝利した連合国側をみるとフランスと米国はもとより共和制の民主主義国である。英国は国王を頂くものの民主的な政体であった。ロシアは帝政から社会主義に変わった。両陣営ともに帝国が姿を消し、社会主義を含めた「民主主義」に移行した。

わが国はどこに位置するだろう。「大日本帝国憲法」の名称が示すように、わが国は天皇が統治する帝国であった。四つの帝国が倒れた後、世界を見渡して帝国らしい帝国は大日本帝国のみであった。わが国は戦勝国の一角を占めたが、政体については大戦により一掃された「帝国」に属した。ただ一つ生き延びた「帝国」であり、「残された帝国」であった。このため日本の指導層は「残されたわが帝国も他の帝国と同じ末路を歩むのではないか」と恐れおののいた。

彼らの心中を例証する一文を引用しよう。永田秀次郎《ながたひでじろう》は一九三〇年代に閣僚を務めた政治家で、一九二一年(大正十)に『平易なる皇室論』を著した。ウィルソン米大統領が「(大戦は)ミリタリズムに対するデモクラシーの戦争なり」と言明したことについて、次のように論じている。

「世上に何となく君主政治は時代遅れの旧思想であって、共和政治でなければ、もって新時代の人心をつなぐに足らざるかの疑いを抱かしめた。いわんや最近の事実として支那《しな》(中国)では清朝が滅び、次いで露国(ロシア)のロマノフ朝が滅び、さらに獨逸《ドイツ》のホーヘンツオルレン朝、墺国(オーストリア)のハプスブルグ朝、相次いで傾覆《けいふく》(倒壊)したのであるから、いよいよもって君主政治に対する疑惧《ぎぐ》(疑いと不安)を増さしめたのである」

永田は諸王朝の崩壊が天皇制に波及する事態を懸念し、この後、天皇制擁護の議論を展開する。「民族自決」については、東欧で諸民族がオーストリアやロシアの支配から脱し、新たな民族国家がいくつも誕生した。東洋では新国家は誕生しなかったが、朝鮮の三・一運動、中国の五・四運動はいずれもわが国に「民族自決」を要求する動きであった。国境を接するロシアで社会主義政権が誕生し、その思想は君主制を否定した。

このようにみてくると、わが国の指導層が不安を覚えるのも当然であった。世界が「民主主義」「民族自決」へ流れるなかで「残された帝国」を維持するには、民族自決の要求を退け、社会主義の波及を防ぐほかになかった。

ワシントン海軍軍縮条約による軍備抑制

六章で「二十一カ条の要求」に関連して「人々は帝国主義の時代を生きていた」と記した。世界史的に一八七〇年代から第一次世界大戦勃発の一九一四年までが「帝国主義の時代」とされる。領土を奪い合う帝国主義により大戦が勃発し、その終結とともに「帝国主義の時代」も終わった。

大戦の甚大な被害により欧州諸国は近代戦争の恐ろしさを思い知り、ヨーロッパでは帝国主義は影を潜めた。米国も以前は帝国主義的にふるまったが、ウィルソン大統領の理想主義にみられるように帝国主義は過去のものとなった。そのなかで日本は大戦の恐怖を経験せず、帝国主義の発想が色濃く残った。「二十一カ条の要求」にみられた中国への膨張意欲はその表れである。

この「残された帝国」の膨張を抑えるとともに、諸国の軍備拡張に歯止めをかけるため米国はワシントン会議を開いた。新たな戦争の勃発を警戒したのである。

ウィルソンの後任のハーディング米大統領が諸国に呼びかけ、米国の首都ワシントンで一九二一年（大正十）十一月にワシントン会議が始まった。以下『史料明治百年』などによる。

海軍軍縮と東アジア・太平洋地域の新秩序が主たる議題となり、前者については一九二二年二月、ワシントン海軍軍縮条約が米英日仏伊の五か国により調印された。排水量一万トン以上の「主力艦」について国別の保有制限が設けられ、保有可能な総トン数の比率は米国十、英国十、日本六、フランス三・三、イタリア三・三となった。航空母艦の保有可能トン数も米国十、英国十、日本六、フランス四・四、イタリア四・四に制限された。

わが国海軍では対米七割の保有が主張され、六割での妥結はこれを下回った。しかし、わが国代表団は太平洋地域における軍事施設の拡充抑制と引き換えに六割を承諾した。海軍は米国を仮想敵国とし、その海軍基地の建設を抑制しようとした。

九カ国条約による中国での行動抑制

東アジア・太平洋地域の新秩序については九カ国条約と四カ国条約が結ばれた。

四カ国条約は太平洋諸島における影響力を現状維持とする内容で、米英仏日の四国が一九二一年（大正十）十二月に調印した。わが国はパリ講和会議により南洋諸島の委任統治を託され、四カ国条約はこの権利を再確認した。

九カ国条約は中国に関するもので一九二二年二月に調印された。英仏伊にベルギー、オランダ、ポルトガルを加えた欧州六か国、米国、日本、中国の九か国の間で交わされた。中国に権益を有する八か国ならびに中国の権利義務が定められ、中国の主権と独立の尊重、中国人による政権の確立、諸国が中国内に特定の「勢力範囲を創設」することへの反対などが盛り込まれた。経済面でも中国市場における「門戸開放」と「機会均等」がうたわれ、全体として一部の国が中国において特別な地位を占めることをけん制した。

わが国も当然「一部の国」に含まれ、九カ国条約は「二十一カ条の要求」に表れたわが国の膨張意欲を抑える効果があった。こうして海軍軍縮条約と九カ国条約はわが国を束縛し、ワシントン会議の結果は軍事的な発展を目指す保守層にとり不満の残る内容であった。

この会議の時期にわが国の重要人物が相次ぎ他界した。会議直前に原敬が暗殺され、一九二二年に入って大隈重信、山県有朋が病没した。長州軍閥はここに総帥を失い、その影響力は陸軍内、政界ともに低下していく。

ワシントン海軍軍縮条約による軍艦の処分

原敬が倒れた後、原内閣の大蔵大臣（今の財務大臣）を務めた高橋是清《たかはしこれきよ》が総理大臣となった。しかし、政友会内の派閥争いなどから一九二二年（大正十一）六月に内閣総辞職し、後継総理はワシントン会議で首席全権を務めた加藤友三郎《かとうともさぶろう》海軍大将であった。海軍軍縮条約の実行には海軍、内閣一体の取り組みが必要で、加藤が最も適任であった。

加藤内閣は懸案となっていたシベリアからの撤兵を一九二二年十月に完了し、海軍軍縮にも着手した。しかし一九二三年八月、加藤は在任中に病没し、シーメンス事件で失脚した海軍の大御所、山本権兵衛《やまもとごんのひょうえ》が後任首相に据えられた。この第二次山本内閣から後の内閣でワシントン海軍軍縮条約に沿った軍艦の処分が進んだ。

『日本海軍史』から事例を拾うと、戦艦「薩摩《さつま》」「安芸《あき》」が一九二四年に東京湾で撃沈された。戦艦「摂津《せっつ》」は一九二三年に軍艦籍から除かれ、訓練用の標的艦となった。建造中の戦艦や巡洋戦艦は建造中止、空母への艦種変更などの措置がとられた。その結果、わが国海軍の戦艦保有数はワシントン会議前の十一隻から六隻、巡洋戦艦は七隻から四隻に減少した。

軍人軽視の風潮が広まった

陸軍の軍縮も一九二〇年代前半に行われ、山梨半造《やまなしはんぞう》、宇垣一成《うがきかずしげ》の両陸相が担い手であった。『日本長期統計総覧』によると陸軍の兵員総数は一九二〇年（大正九）の二九万三千人近くから一九二六年の二一万三千人近くに減り、二七％の大幅な削減であった。陸海軍合わせた軍事費が国家財政全体に占める比率は一九二四年から一貫して三〇％を下回り、再び三〇％を超えるのは満州事変勃発の一九三一年である。

こうして海軍軍縮条約、九カ国条約、四カ国条約から成る「ワシントン体制」はわが国の軍国主義を封じ込めた。加盟諸国が諸原則を遵守する限り、軍事衝突は起きない。

平和主義も広がった。第一次世界大戦で辛酸をなめた欧州諸国を中心に平和志向が高まり、わが国も含まれた。国家主義者の津田光造《つだこうぞう》が一九三三年発行の『皇道楽土《こうどうらくど》の建設』において平和主義の高まりを振り返っている。

「世界の空気は一変した。さすがに強欲《ごうよく》飽くところを知らない世界資本主義も、少しは富力中心主義、資源独占主義、市場争奪主義の利己本位の立場について、反省しないわけには行かなくなった。たとえそれが口先だけの外交的辞令に過ぎぬにもせよ、国際平和を唱えずにはいられなくなった。国際平和へ、国際平和へ――。資本主義は逆モーションを取った」

軍人を軽んじる風潮も生まれた。

水野広徳《みずのひろのり》は海軍大佐から平和志向の軍事評論家に転じた人物である。大佐であった一九二一年一月に「軍人心理」と題する評論を東京日日新聞に連載し、一部が『大正ニュース事典』に収録されている。物価高騰による海軍軍人の困窮ぶりを描いた後、次のように述べる。

「軍国主義攻撃、軍閥非難の声は囂然《ごうぜん》として全国にとどろき、無知識、無理解なる民衆は、反抗の矛と敵視の眼《まなこ》とを軍隊ならびに軍人に向けて来た。電車内において路上において、われわれ軍人はしばしば彼ら民衆の故意にする、しかも無理由なる無礼の言動に接遇した」

大阪城を本拠とした歩兵第八連隊の『歩兵第八聯隊史』は次のように記している。

「軍人軍隊は、一般社会では大変不人気であった。大都会では、将校は軍服をきて外出することを嫌い、和服や背広でなければ外出せず、地方でも、連隊長や旅団長が官民合同の宴会に招待される場合にはモーニングに着替えて出席していたような状態であった……中略……隊伍《たいご》〔隊列〕を組む軍隊でさえ、時には、市民の罵声《ばせい》にさらされることもあった。炎暑の下で、汗とほこりにまみれながら、市街地を行軍している小隊長が、市電の車掌に、〝馬鹿野郎！〟の一喝を食わされることも一再ではなかった」

山県有朋らが築いた軍閥勢力は大正後期、衰亡の危機にさらされた。

山県有朋

十章
社会主義の復活と革命の悪夢

ロシア革命により労働争議が増えた

第一次世界大戦は「軍国主義」にとり逆風となる一方、「社会主義」には追い風となった。三章で述べたとおりわが国の社会主義は大逆事件（一九一〇年）により大きく後退した。この疲弊した社会主義にロシア革命（一九一七年）が新たな命を吹き込んだ。

一九〇一年生まれの共産主義者、志賀義雄《しがよしお》は雑誌『現代の理論』で一九七二年に次のように回想している。

「〔日本の社会主義者たちは〕よもや自分たちの生きているうちに世界に、どこかで革命が起こるとは全然予想しなかった。そこへロシア革命というものが起こったんで、その受けた感動というものはとても言葉に尽くせないものがあったのだ、というので、その語調を聞いていた若い学生までが嘆声を挙げていましたね」

志賀はこれに続けて天皇制について次のように述べている。

「〔ロシア革命という〕『来るものが来た』ということになれば、時間がかかるにせよ、天皇制が問題になって来るのも当然ですね」

ロシア革命はロマノフ王朝を廃絶した。革命がわが国に波及すれば、天皇制の存廃が問われる。

革命の影響は労働争議の多発となって表れた。『政党政治と天皇』により事例をみると、一九一九年（大正八）九月、神戸の川崎造船所で一万六千人の職工《しょっこう》（労働者）が待遇改善を求めて業務を停止し、賃金引き上げを獲得した。一九二〇年二月には福岡県の八幡製鉄所の職工一万三千人が待遇改善を求めてストライキを行い、警官隊や憲兵《けんぺい》隊と衝突した。「憲兵」は陸軍内の警察的な組織である。

労働争議は一九二一年七〜八月に神戸で起きた三菱、川崎両造船所のストライキで最高潮に達した。三万人の職工がこの争議に参加し、同書によるとわが国において「第二次世界大戦前では最大」であった。労働者たちは警官隊と激しい衝突を繰り返し、最終的に労働者側が敗北した。

『日本社会運動史』により労働争議への参加者数を全国でみると、一九一六年は八四〇〇人余りだったが、ロシア革命の一九一七年は七倍近い五万七千人余りに増えた。一九二〇年代後期には例年十万人を上回った。

日本共産党の結成と皇太子狙撃事件

ロシア革命から五年後の一九二二年七月、日本共産党が非合法かつ秘密裏に結成された。松尾尊兊が『大正ニュース事典』に執筆した解説によると、一九二三年二月に初の共産党大会が千葉県市川市で開かれ、この時期の党員数は五八名であった。少数ではあるが、労働組合、農民組合、被差別部落民の解放を目指す「全国水平社」などに影響を及ぼし、共産党はわが国の左翼運動において大きな役割を演じる。

そして、左翼思想に共鳴した二四歳の青年、難波大助《なんばだいすけ》が皇太子を狙撃する「虎ノ門事件」が起きた。『日本政治史』などによる。

大助は山口県の大地主の四男で、父親は衆議院議員も務めた。父の家父長的支配が大助を左翼思想に接近させたとみられ、上京した後、皇太子の裕仁《ひろひと》親王の殺害を決意した。親王は後の昭和天皇で、健康に不安のあった大正天皇に代わって執務する摂政《せっしょう》となっていた。

大助は一九二三年十二月二七日、国会議事堂に向かう皇太子の自動車を虎ノ門付近で待ち伏せした。凶器は父が所有していた「ステッキ銃」すなわち銃を仕込んだ杖《つえ》であった。午前十時四五分ごろ、大助は「革命万歳！」と叫んで狙撃した。銃弾は車の窓ガラスを打ち破ったものの、皇太子に危害は及ばず、大助は沿道の人々と警官により取り押さえられた。

難波大助は翌年十一月に死刑判決を受け、その際、両手を挙げて「日本無産労働者、日本共産党万歳、ロシア社会主義ソビエト共和国万歳、共産党インターナショナル万歳」と絶叫したという。二日後に絞首刑に処された。

清浦「貴族院」内閣と政友会の分裂

虎ノ門事件は思わぬ形で「第二次護憲運動」につながる。第二次山本権兵衛内閣は事件の責任を取って総辞職し、枢密院議長だった清浦奎吾《きようらけいご》が後継総理となった。一九二四年(大正十三)一月に内閣を組織した。

元老の西園寺公望が清浦を推し、総選挙への配慮があった。衆議院議員の任期満了に伴う総選挙が五月に予定され、政党系の首相を選ぶと、与党が有利になる。これを避けるため政党につながらない官僚出身の清浦が選ばれた。しかし政党側は反発した。『新版近代日本政治史』などによる。

清浦奎吾

清浦の組閣はまず政友会の分裂という思わぬ事態を生む。衆議院に足場のない清浦は衆院第一党の政友会に協力を求めた。高橋是清総裁などの主流派は協力に反対し、床次竹二郎《とこなみたけじろう》らの反主流派は賛成した。激論の末、一九二四年一月に反主流派が脱党して政友本党《せいゆうほんとう》を結成した。

清浦は結局、政党との提携を断念し、貴族院議員を連ねた内閣を組織した。これが「貴族院内閣」「特権内閣」などと批判され、清浦はまた山県内閣と桂内閣で閣僚を務めた山県直系の人物であった。人々は長州閥の復活と受け取り、これも不評の種であった。

多くの議員が政友本党に移籍し、同党、政友会、憲政会（立憲同志会などが合同）の三党がそれぞれ百議席を超える状態で五月の総選挙を迎える。最大の争点は成人男子全体に選挙権を認める「普通選挙」の是非であった。

共和制や社会主義は指導層にとり「悪夢」だった

普通選挙を求める普選運動は歴史が古く、三章で述べたとおり一八九〇年代後半までさかのぼる。帝国議会に何度か普通選挙法案が提出され、いずれも否決された。

一方、選挙民を限定する納税額が段階的に引き下げられ、有権者が増えた。総務省ウェブサイトによると、第一回総選挙（一八九〇年）の有権者は全人口の一・一％にすぎなかった。しかし、一九〇〇年に必要な納税額が引き下げられ、有権者は直後の総選挙で二・二％となった。一九一九年（大正八）にも引き下げられ、同じく五・五％に増えた。普通選挙に移行すると納税額による制限が撤廃される。

わが国は国際連盟の常任理事国となり、この国際的地位の上昇も普通選挙を後押しした。『解明・昭和史』によると、十九世紀にフランス、米国、ドイツで男子普通選挙が実現し、第一次世界大戦の前後にイタリア、ベルギーなども男子普通選挙に移行した。一九一八～二〇年には英国、ドイツ、米国で女性の参政権が認められた。先進諸国においては普通選挙が標準となり、常任理事国のわが国が独り制限選挙を続けられる状況ではなかった。

わが国もいずれは男子普通選挙へ移行するとみられたが、諸国にない特有の条件があり、それは「帝国」という国家体制であった。

共和制諸国では主権は国民にあり、誰もが等しく選挙権をもつ普通選挙への移行は必然であった。これに対し、わが国は九章で述べた「残された帝国」であった。主権は天皇に存し、人々は天皇に付き従う臣民であった。天皇との距離により地位が決まり、臣民の間の平等意識は薄かった。

そこに普通選挙が導入されると「帝国」が形骸化する可能性があった。幅広い「民意」を背景に衆議院が他の統治機関を圧するようになると、天皇の主権が揺らぐ。付き従うべき「臣民」が天皇を差し置く形となりかねない。さらに進んで天皇制の転覆という革命的な事態もありえた。

社会上層の人々は他の臣民より天皇に近い地位を占め、これにより権威と正統性を獲得した。もしも天皇制が覆されると、彼らも天皇と運命をともにする。地位や名誉を失うばかりか、財産や生命まで脅かされる。共和制にしろ社会主義にしろ革命的変化は指導層にとり「悪夢」であった。

『細雪』にみる亡命ロシア人の困窮

革命の「悪夢」は国内でも実感でき、それは「亡命ロシア人」の暮らしぶりであった。

『白系ロシア人とニッポン』によると、ロシア帝国で上層を占めたロシア人がロシア革命を避けて海外に逃れ、その数は百万人とも二百万人とも言われる。彼らは「赤色」革命により国を追われたため「白系ロシア人」と呼ばれ、多くは欧州諸国に向かった。わが国に身を寄せた人々は千人規模とみられ、神戸、首都圏、北海道などに住んだ。

谷崎潤一郎《たにざきじゅんいちろう》の大作『細雪《ささめゆき》』に亡命ロシア人のキリレンコ一家が登場し、舞台は一九三〇年代の阪神地区である。中公文庫版から引用する。

「白系露人キリレンコの一家は夙川《しゅくがわ》〔西宮市内〕の松濤アパートの近所の、上下で四間ぐらいしかない小さな文化住宅に、老母と、兄と、このカタリナと、三人暮らしをしていて」つましい生活だが、「キリレンコお婆《ばあ》ちゃん」は大学で法学を修めたインテリで、帝政時代の首都サンクト・ペテルブルクで皇帝の宮殿の近くに住んだ。お婆ちゃんは回想する。

「ツァー〔皇帝〕、馬車お乗りになりますね、ツァルスコエセロの宮殿出ていらっしゃいますね、それわたし、毎日々々見ましたごぜえます。ツァー、お話しになるの声、わたし聞くことできた思いましたごぜえます」

キリレンコ家は上流の家系であったが、革命により運命は暗転し、はるか日本の小さな家に住む境遇となった。社会主義への敵意は強く、一家は打倒ソ連を期待して天皇皇后の御真影《ごしんえい》を掲げていた。お婆ちゃんは天皇への感謝を口にした後、次のように続ける。

「白系露西亜《ロシア》人は誰でもそう思っているんですよ、共産主義に対して最後まで闘うものは日本であると。――」

普通選挙は山県らに「革命」を連想させた

わが国指導層は革命の影におびえた。

陸軍軍縮の担い手として山梨半造を挙げた。山梨は軍縮以前、帝国在郷《ざいごう》軍人会（詳細後述）の機関誌『戦友』の一九一八年十二月号に「諸君の緊張すべき秋《とき》」という一文を寄せ、革命への危機感を表明した。ロシア革命の達成から一年後で、山梨は陸軍中将にして同軍人会の本部高級理事であった。

山梨は第一次世界大戦は国家の総力を傾ける「経済戦」であったと論じる。そして「さらにさらに恐ろしい結果すなわち国家の存亡に関する国民の思想問題である」と述べてロシア革命に言及する。

「かのロシヤはどうであるか、皇帝はあのとおり言うに忍びぬ残酷なる末路に遭い、国家は混沌《こんとん》として秩序も安寧も保たれてはいない」

皇帝の「末路」は最後のロシア皇帝となったニコライ二世が一九一八年七月に家族や使用人とともに銃殺された事件を指す。ドイツについても次のように述べる。

「立派なドイツの国家ですら、悲しむべき思想の蔓延《まんえん》したロシヤを隣国に控え……中略……どうやら第二のロシヤ臭い状態が見られるようになったではないか」

ドイツ革命はこの年十一月に起き、山梨は「悲しむべき思想」への懸念を次のように記した。

「世界の将来は漸次この極端なる民主的過激思想にかぶれて、各人が思い思いの事をすればそれが最も時世に適当したものだと考えるようになる。しかして憂うべきこれらの思想が一たび国内に種子《たね》をまかれると、恐ろしい勢いをもって根を出し芽を出し、見る見る間に広くはびこって、来《きた》るべき機会を待つようになる」

今日の観点からすると山梨は民主主義と社会主義を混同しているように思える。しかし、社会主義の抑圧的な性格が明らかになっていない当時、社会主義は究極の民主主義ともみられた。

陸軍の首領たる山県有朋も山梨と同様の懸念を抱いた。『政党政治と天皇』によると山県は一九一九年八月、山県系の田健治郎《でんけんじろう》貴族院議員と会談し、普通選挙は「国運の消長」や「国体の安危にかかわる」重大問題であるとの認識で一致した。この懸念から田は山県に「民主思想の爆発を避けるため、市町村会から府県会へと順に普選を実施し、十年内外で総選挙に至る考えを提案し」、「山県もほぼ同意した」という。

「十年内外で総選挙」から判断して、山県も田も普通選挙への移行は不可避と認めつつ、実現を先に延ばしたかったようである。このやり取りから同書を著した伊藤之雄は「普選運動は、普選をシンボルとした体制変革要求運動としてとらえられ、国民的基盤の弱い官僚系に革命への恐怖感すら与えたのである」と論じている。

山県らの長州軍閥は大正政変や米騒動で大衆の怒りを買い、平和主義の広まりにより軍人たちは肩身の狭い思いをした。ここに普通選挙が実施され、民意に支えられた強力な政党政治が打ち立てられると、軍閥はさらなる後退を強いられる。このため普通選挙は軍閥にとり革命をも連想させる重大なる脅威であった。

十一章　普通選挙と社会主義の退場

護憲三派による第二次護憲運動

政友会から分かれて清浦内閣に協力的な政友本党が結成されたと述べた。本家の政友会は反清浦内閣の憲政会、革新倶楽部《かくしんくらぶ》と提携し、三党は護憲三派《ごけんさんぱ》と呼ばれた。革新倶楽部は犬養毅《いぬかいつよし》が率いた自由主義的な政党である。三派は政党内閣の確立、普通選挙の実現などを目指し、一連の動きは「第二次護憲運動」と呼ばれる。「第一次護憲運動」は大正政変の際の倒閣運動である。

『新版近代日本政治史』によると一九二四年（大正十三）一月三〇日、護憲三派の幹部を載せた列車が愛知県で事故に遭った。陰謀との憶測が流れ、三一日の衆議院本会議で三派は内閣を追求した。清浦奎吾首相は同日、衆議院解散で応えた。

『大正ニュース事典』所収の東京日日新聞の記事によると、清浦は解散理由書において「〔清浦内閣に〕特権階級内閣の異名を付し、かえって階級闘争を扇動せんとする者あり」「不健全なる民衆運動を刺激し、階級闘争の思想を挑発し、国家のため憂慮すべき現象を発生せしむる」などと述べている。名指しはしないが、明らかに護憲三派への非難である。清浦内閣は高級官僚や貴族院に支えられていた。これら上層階級に民衆が反抗する「階級闘争」を清浦は護憲運動から連想した。

一九二四年五月十日に総選挙が行われ、護憲三派が勝利を収めた。『日本近現代史辞典』によると、憲政会は前回選挙から四二議席増やして一五二議席を占め、第一党に躍り出た。政友会は一〇二名、革新倶楽部は三〇名が当選し、三党全体で全議席の六割を超えた。かたや政友本党は一四九議席から一一一議席へ大きく後退した。

清浦内閣は総辞職し、一九二四年六月十一日に憲政会総裁の加藤高明《かとうたかあき》を総理とする加藤高明内閣が組織された。憲政会の諸議員と並んで政友会から高橋是清総裁と横田千之助《よこたせんのすけ》、革新倶楽部から犬養が入閣した。護憲三派の連合政権で、原敬内閣以来の本格的な政党内閣であった。

男子普通選挙の実現

一九二五年（大正十四）二月、加藤高明内閣は普通選挙法案を衆議院に提出した。『大正ニュース事典』掲載の新聞記事によると政友本党の議員が異論を唱え、論点の一つは家族主義と個人主義であった。

戦前の民法では一家の長である戸主《こしゅ》が他の家族を統率し、『事典　昭和戦前期の日本』によると戸主は家族の居住地を指定でき、結婚や養子縁組などへの同意権も有した。長男が戸主で次男や三男が同じ家に住む場合、彼らは長男の指図を受けた。これに対し普通選挙の政府案は二五歳以上の男性に一律に選挙権を認め、「個人主義」とも言えた。政友本党はこれに反発し、戦後に総理大臣となる鳩山一郎《はとやまいちろう》などが選挙権は戸主または世帯主に限定するべきだと論じた。

社会主義への警戒もあった。普通選挙が実現すると貧しい農民や労働者が選挙権を得る。政友本党の土屋興《つちやおき》は「本法施行により新たに選挙権を得るものは労働階級である」と説き起こし、「無条件普選の結果は、共産主義、無政府主義者が無知なる労働者を駆り、立法的手段をもって目的を達せんとするに至る事は火を見るよりも明らか」と述べ、社会主義への強い懸念を表明した。

一方、普通選挙には民衆の不満を和らげる効果があった。権利が抑えられたまま不満が募りに募ると革命となって爆発しかねない。選挙権の行使はこの不満のはけ口となった。

護憲三派の多数を背景に法案は衆議院を通過した。貴族院で修正が加えられ、三月二九日に普通選挙法（正確には衆議院議員選挙法の改正）が成立した。いくつかの欠格条件は伴ったが「帝国臣民たる男子にして年齢二五年以上の者」に納税額にかかわりなく衆議院議員の選挙権が与えられた。

ソ連との国交樹立が治安維持法を後押し

普通選挙法の成立より十日早い一九二五年（大正十四）三月十九日、治安維持法が成立した。社会主義者への過酷な取り締まりに用いられたため「天下の悪法」とも呼ばれ、普通選挙法ときびすを接して成立したことから「アメとムチ」とも例えられる。

背景には「帝国」があった。普通選挙が実現しても大日本帝国内における変化であり、共和制や民主主義が実現するわけではない。主権者は天皇であり、人々はやはり臣民であった。護憲三派も天皇制国家の枠内での存在である。保守派と同様に天皇制を否定する社会主義や無政府主義を恐れ、加藤高明内閣は治安維持法の法案を提出した。

ソ連との関係も重要であった。革命後の混乱が収拾されて一九二二年十二月、ロシアと周辺地域から成るソビエト社会主義共和国連邦（以下ソ連と略称）が誕生した。英国やフランスがソ連を承認し、わが国も経済的利益などから一九二五年一月に日ソ基本条約を結んで国交を樹立した。相手の政治体制を乱す行為を互いに禁止する条文があったが、国交が結ばれると自ずと社会主義思想が流入する。これを懸念する声は護憲三派にもあった。

法案の起草理由書は「露国、ドイツの革命に関する過激なる情報は〔わが国の〕一部の者を刺激し、その運動をいっそう深刻に導きたるの観あり。続いてその一部の者は外国同志と通謀し、または海外より資金を仰ぎ過激なる運動を計画、実行せんとする」「〔ソ連と国交を結んだので〕彼我の来往頻繁となり過激運動者は各種の機会を得るに至るべし」などと述べ、社会主義への警戒感に満ちている。『大正ニュース事典』所収の東京日日新聞記事から引用した。

治安維持法は「国体《こくたい》の変革」「私有財産制度の否認」を取り締まり、「国体」は天皇制とほぼ同義である。拡大解釈の余地が大きい条文が並び、書籍『治安維持法』によると労働団体や農民組合が反対した。

新聞や雑誌にも批判的な記事が掲載され、護憲三派の議員からも反対論が出た。

治安維持法の審議は一九二五年二月に始まった。同書によると反対十八名、棄権十名で衆議院本会議を通過し、貴族院本会議では一名のみの反対で可決された。

多難だった加藤高明内閣と第一次若槻内閣

加藤高明から犬養毅まで五名の政党党首が総理大臣を務め、この八年間（一九二四〜三二年）は「政党内閣の時代」とも呼ばれる。大正政変に始まった「大正デモクラシー」が花開いたことになるが、諸内閣は必ずしも順調ではなかった。

加藤高明内閣は護憲三派の連立内閣であったが、普通選挙法の制定という大目標が達成された後、三派の結束は続かなかった。政友会と革新倶楽部から三名が入閣したと前述したが、相次いで閣外に去る。横田千之助司法大臣（今の法務大臣）が一九二五年（大正十四）二月に急逝し、高橋是清農商務大臣が四月、犬養毅逓信《ていしん》大臣も五月に政界引退を表明した。

政友会の議員が横田、高橋の後任に就いたが、三派の結束はもはや失われていた。税制の問題で政友会所属の閣僚が反対を貫き、一九二五年七月、閣内不統一により加藤内閣は総辞職した。

松方正義が前年に没して西園寺公望が唯一の元老となっていた。西園寺は再び加藤を推し、憲政会単独の第二次加藤高明内閣が八月に発足した。こうして護憲三派内閣は一年余りで終わり、加藤自身も一九二六年一月、帝国議会開会中に肺炎が悪化して病没した。

後任の総理大臣は憲政会の若槻礼次郎《わかつきれいじろう》であった。加藤内閣の閣僚をそのまま引き継いで第一次若槻内閣を発足させたが、憲政会の勢力は衆議院の三分の一にすぎず、政権基盤は弱かった。

若槻政権はいくつもの試練に見舞われ、一つは朴烈《ぼくれつ》事件である。大逆罪の疑いで逮捕された朝鮮人の朴烈《パクヨル》が取調室で日本人の愛人をひざに抱える写真が公表され、司法当局と政府の規律の緩みとして厳しく批判された。大阪の松島遊廓《まつしまゆうかく》にからむ贈収賄が取りざたされた「松島遊廓疑惑」では、若槻本人が取り調べを受けたばかりか、他の容疑者が若槻を偽証罪で告発する騒ぎとなった。

さらに一九二七年三月、片岡直温《かたおかなおはる》大蔵大臣の失言をきっかけに多数の銀行が休業する「金融恐慌」が生じた。この渦中で四月、若槻内閣は総辞職した。

在郷軍人会を率いて田中義一内閣が誕生

政友会総裁の田中義一《たなかぎいち》が後継総理となり、一九二七年(昭和二)四月、政友会議員を連ねた田中義一内閣が発足した。政友本党の議員の一部が復帰し、政友会は衆院第二党となっていた。当時は衆議院で首位もしくは二位を占める政党が内閣を組織する「憲政の常道」が重んじられ、この慣例による組閣であった。

田中は陸軍大将を退役して政党党首に転じた。何人もの軍人が総理大臣を務めたが、「政党内閣の時代」に限ると田中が唯一の軍人出身で、これは同時に政友会の軌道修正を示していた。

政友会は伊藤博文によって創立され、伊藤は山県有朋と並んで明治中後期のわが国政治をけん引した。山県は陸軍、貴族院、官僚など幅広い勢力に支えられた。伊藤派の官僚も少なからず存在したが、山県派に見劣りし、これを補うため政友会が組織された。

この経緯から軍とは関係のない公家の西園寺公望、「平民宰相」の原敬、財政家の高橋是清へ総裁の椅子は引き継がれた。ところが、田中義一は長州出身の軍人で、陸軍大臣も務めた。山県が一九二二年に没した後、田中は陸軍きっての実力者となり、この山県本流とも言うべき人物を政友会は党首に迎えた。伊藤が草葉の陰で涙しそうな人事であった。

田中義一

田中は一九二五年四月に政友会総裁となり、普通選挙法成立の直後である。政友会は普通選挙に備えて田中を迎え、ねらいは在郷軍人会《ざいごうぐんじんかい》の組織票であった。
兵役を終えた後、青年たちは郷里の町や村に戻る。この戻った人々の組織が在郷軍人会（正式名称は帝国在郷軍人会）である。一九一〇年に創設され、地域において軍の活動を補完した。田中義一が組織化を推進し、「在郷軍人会の父」とたたえられた。
徴兵は毎年行われ、除隊になった青年が毎年、在郷軍人会に加わる。会員はどんどん増え、田中が政友会総裁に就いたころには三〇〇万人に迫った。その多くが二五歳以上の男性であった。普通選挙法により有権者総数はおよそ一二〇〇万人となり、この二割ほどが在郷軍人会に属した計算になる。この上なく魅力的な票田で、これに引かれて政友会は田中を総裁に迎えたと思われる。

これを裏づける逸話が『一老政治家の回想』に残されている。著者の古島一雄《こじまかずお》はこのころ衆議院議員で革新倶楽部の幹部でもあった。古島が田中に問いかけた。

「君は今度商売違いの政党総裁になったそうだが、政党は選挙をやって初めて自分のものになる。君は政友会を率いて選挙に勝つという見込みがあるか」

「おお！　それはある。俺は在郷軍人三百万を持っているでのう！」

田中はまた三〇〇万円もの大金を「持参金」として政友会に入党したと伝えられ、その出所は公費たる陸軍機密費とみられている。

宇垣一成によると政党は営利目的だった

政友会は伝統を曲げ田中義一という異色の党首を迎えたが、憲政会も党略に余念がなかった。

田中義一内閣の発足から一か月余りの一九二七年（昭和二）六月、憲政会と政友本党が合同して立憲民政党（以下、民政党と略称）が発足した。普通選挙法の成立から二年余りで、憲政会が同法を推進し、政友本党は反対した。犬猿の仲だった二党が手を結び、これも選挙への備えであった。

第二次護憲運動には清新な印象が伴う。しかし護憲三派の結束は普通選挙法成立までの短期間で、その果実である普通選挙に向けて各党は党略を巡らしていた。

陸軍の軍縮を推進した宇垣一成は「政党内閣の時代」に陸軍大臣を務め、穏健派の軍人としても知られる。この宇垣が『宇垣日記』において一九二五年、当時の政党を「権勢名利を獲得せんとする我利我利亡者《がりがりもうじゃ》の集合体」「営利を唯一の目的として政治を標牌《ピアオパイ》〔商標〕とする株式会社みたようなもの」と手厳しく批判している。護憲三派についても「三派の連合も絶縁も何ら主義政策の上より来たりてはおらぬ。元来いずれも左様《さよう》な〔そのような〕ものは持ち合わしておらぬ」と述べ、党利党略による連合と断じている。

一九二八年一月、田中義一首相は内閣不信任案に衆議院解散で応え、ここにわが国初の普通選挙の幕が開いた。総務省ウェブサイトによると有権者数は前回の三二八万人から一二四〇万人へ四倍近く増えた。政友会、民政党の二大政党の消長とならんで無産《むさん》政党の進出ぶりが注目された。

無産は「財産がない」との意味で有産《ゆうさん》の対語である。豊かな資産をもつ資本家や地主は「有産者」、資産をほとんどもたない労働者や小作人は「無産者」である。これら無産者の利益を代表する政党が無産政党と呼ばれ、社会民衆党、労働農民党などがあった。党名から分かるように社会主義的な色彩を帯びたが、革命的な変化は望まず、体制内での無産者の利益増進を目指した。普通選挙法により無産者も選挙権を手にし、無産政党の進出ぶりが焦点の一つとなった。社会主義の浸透度を測る意味でも注目された。

一九二八年二月二〇日に総選挙が行われ、政友会の当選者は二一七名、民政党は二一六名と勢力伯仲した。解散前は民政党が第一党であったから、わずか一議席ながらこれをしのぎ、田中義一は党首としての初陣を勝利で飾った。無産政党は社会民衆党四名、労働農民党二名など合わせて八名が当選したが、選挙前の予測を大きく下回った。

治安維持法により「社会主義」が退場

選挙がきっかけとなって三《さん》・一五《いちご》事件、四《よん》・一六《いちろく》事件が起き、社会主義は失速する。無産政党は合法であったが、暴力革命を唱える共産党は治安維持法に触れる。共産党は表舞台に立てないが、『国史大辞典』によると総選挙における労働農民党の立候補者四〇名のうち十一名が共産党員であった。選挙から一か月近い一九二八年三月十五日、警察当局が動き、一五六八名もの容疑者を検挙した。四月に入って労働農民党など三つの団体が解散に追い込まれ、一九三二年に一八一名が二年から無期の懲役刑を宣告された。これが三・一五事件である。

三・一五事件は大逆事件（一九一〇年）以来の大規模な思想事件であったが、それでも警察は多くの共産党幹部を取り逃がした。一年後の一九二九年四月十六日に再び全国規模の一斉検挙が実施され、これが四・一六事件である。『国史大辞典』によると、この年に治安維持法で検挙された容疑者は五千名近くに上り、その大部分が四・一六事件で拘束された。二つの事件により多数の共産党幹部が投獄され、共産主義を捨てる「転向」も相次ぐなど、共産党は壊滅的な打撃を受けた。

共産党は四・一六事件の後も活動を続けたが、取り締まりは峻烈《しゅんれつ》を極めた。『蟹工船《かにこうせん》』などの小説で知られる作家の小林多喜二《こばやしたきじ》が警察の拷問により一九三三年に死亡するなど、多くの共産党員が命を落とした。その一方、無産政党は右寄りに路線を修正しつつ、衆議院において一定の地歩を占めた。

このように社会主義系の政治勢力は命脈を保った。しかし、社会を変革する勢力に成長することはなく、そのため本書においてはここで社会主義への論及を終了する。

二章の末尾で、わが国の指導層や知識人は「社会主義」「議会主義」「軍国主義」の三つにより「民衆の台頭」に対応したと述べた。まず「社会主義」が表舞台から姿を消した。

十二章
政党内閣の多難と満州事変

「軍国主義」は地方に根を張っていた

「議会主義」と「軍国主義」が残されたが、九章で述べたように平和主義が広がり軍国主義は旗色が悪かった。しかし人々の心の中にしっかり根を張っていた。

九章で言及した評論家の水野広徳は『中央公論』一九二二年（大正十一）一月号に論文「軍備縮小と国民思想」を寄せ「軍備に対する地方人の思想と観念」について論じた。

水野によると地方の人々は二つに分かれ、一つは「日本発展の道はただ戦争あるのみ」と信じる「戦争賛美者」であった。彼らは「今なお日本をもって神国となし、大和魂と神風とに信頼し、戦えば必ず勝つと独りで定めている。日の丸の旗を翻し、剣付き鉄砲で突撃さえすれば毛唐人《けとうじん》（西洋人）などはひとたまりもなく降参すると思って」いた。

もう一つは「日〇必戦信者」であった。「〇」は伏せ字だが、明らかに「米」すなわち「米国」である。日露戦争後から「次は日米決戦」との論説が盛んであった。

「彼ら〔日○必戦信者〕はあらゆる機会においてある方面より、○国をもって日本の発展を妨げ、日本の生存を脅かし、日本の独立を危うくするものと教えられている。正直にしてしかも海外の事情に無知なる彼らは、田舎人の一徹にも○国をもって不倶戴天《ふぐたいてん》の仇敵《きゅうてき》となし、彼を斃《たお》すか我れ死すか、世界に日○の共存を許さないとまで思い込んでいる。かくて田舎人通有の排外心と、油を注がれたる敵愾心《てきがいしん》と、祖先伝来の愛国心とが結合混交して日○戦争に備うるためには、たとえ三度の食事を二度に節し、二枚の着物を一枚に減ずるも忍ばねばならぬと覚悟している」

この論文は九章で述べたワシントン会議の最中に発表された。水野によると「地方人」は会議以前から米国は「不倶戴天の仇敵」だと思っていた。ここに日本の軍事的膨張を抑えるワシントン体制が構築されたのであるから、「地方人」の米国に対する不満はさらに高まったであろう。

もう一つ例を引くと、陸軍中尉から評論家に転じた松下芳男《まつしたよしお》が雑誌『建設者』の一九二三年八月号に論文「軍閥と彼等《かれら》の迷想」を発表し、軍人を本業とする「職業軍人」を次のように評している。『近代日本思想大系三四』から再引用する。

「彼ら〔職業軍人〕は忠君愛国の一手販売者となりすまし、その偏狭なる忠君愛国の観念を何らの疑問なしに迷信し、他国を侵略すること、時には戦争して領土を増すこと、政治も社会も思想も一切夢中で、ただ上官に服従することを、この上ない美徳と信じておる……〔伏せ字三五文字〕……封建時代の俠客《きょうかく》〔渡世人〕を理想とする。かくして彼らは『軍隊』こそ国家の中堅〔中心〕なりと信念するに至るのである」

筆者は前著『明治サムライ時代論』において、明治時代の指導者たちは近代人というよりもサムライだったと論じた。このサムライ精神は昭和期にも脈々と受け継がれていた。

浜口内閣の時代に汚職事件が相次いで発覚

田中義一の政友会内閣は二年余り続いた。しかし、田中は張作霖爆殺事件（後述）の真相を隠して天皇の不興を買い、一九二九年七月に内閣総辞職した。

後継の内閣は「憲政の常道」により野党第一党の民政党が組織し、総理大臣は同党総裁の浜口雄幸《はまぐちおさち》であった。その一方、田中は同年九月に急逝し、犬養毅《いぬかいつよし》が政友会から請われる形で同会総裁に就任した。犬養は政界引退を表明した後も議員は務めていた。

特筆すべきは浜口も犬養も衆議院議員であった。加藤高明内閣から政党内閣の時代に入ったが、加藤、若槻、田中はいずれも貴族院議員であった。浜口以前では原敬が唯一の衆議院議員の総理大臣である。原の時代に野党第一党の憲政会を率いた加藤高明は貴族院議員で、民意に支えられた衆議院議員が総理大臣、野党第一党党首の双方に就くのは初めてだった。『新版近代日本政治史』を著した松山治郎は「世はまさに、政党にとりその黄金時代の到来を思わせるものがあった」と評している。政党が国政を担う「議会主義」の黄金時代でもあった。

しかし、この時代に相次いで汚職事件が摘発され、「政治とカネ」の点でも黄金時代となる。『日本近現代史辞典』などによる。

一九二九年八月に二件の汚職事件が発覚し、一つは田中内閣の時代に賞勲局総裁を務めた天岡直嘉《あまおかなおよし》が叙勲を求める実業家から収賄した売勲《ばいくん》事件（賞勲局疑獄とも）である。もう一つはこれも田中内閣時代の小川平吉《おがわへいきち》鉄道大臣が告発された「五私鉄疑獄」で、私鉄五社から賄賂を受け、新線認可などに便宜を図ったとの容疑であった。売勲事件は天岡など、五私鉄疑獄は小川らが有罪となった。

右の二件は政友会に関する事件であったが、「越後鉄道疑獄」により民政党も打撃を受けた。浜口内閣の文部大臣（今の文部科学大臣）は政友本党から民政党に合流した小橋一太《こばしいちた》であった。五私鉄から越後鉄道に捜査の手が伸び、関係者が一九二九年十一月に逮捕された。小橋が政友本党の幹事長の時期に贈収賄が行われたとされ、小橋も収賄を疑われ、文相を辞任した。小橋は一九三一年に無罪となるが、事件は浜口内閣にも腐敗が及んでいるとの印象を国民に与えた。

浜口内閣の「金解禁」は失敗に終わった

浜口内閣は金解禁《きんかいきん》を行い、こちらの黄金でもつまずく。

金解禁は金本位制《きんほんいせい》への復帰を意味し、金本位制は自国通貨と金属の「金」の間に一定の交換レートを定める制度である。為替レートを安定させる効果があり、世界的に普及していた。

第一次世界大戦を受けて欧州諸国が金本位制を停止した。日本や米国も続いて、金本位制はいったん崩壊した。しかし戦後、諸国で再開され、わが国でも復帰が求められた。以下『帝国主義と民本主義』などによる。

金解禁を主導したのは浜口内閣の井上準之助《いのうえじゅんのすけ》大蔵大臣であった。金解禁にあたり円と金の交換レートである平価《へいか》を定める必要があり、井上は大戦前と同じ「旧平価」による再開を目指した。実勢レートは旧平価より円安で推移し、これに合わせた円安の「新平価」を主張する声もあった。しかし政府は一九三〇年（昭和五）一月に旧平価で金解禁を断行した。

断行の前、円高に誘導するため政府はデフレ政策を行った。ここに世界恐慌が押し寄せ、浜口内閣の官製デフレに世界的なデフレが重なり、わが国は深刻な不況に陥った。

『昭和ニュース事典』掲載の新聞記事をみると一九三〇年五月、中外商業新報（今の日本経済新聞）が東京での失業登録を報じ「（登録者は）早朝から殺到し、中には相当立派な紳士もあり、係員の眉《まゆ》をくもらせた」と市民の窮状を描いている。農村については東京朝日新聞が一九三二年七月、二九年度から三〇年度にかけて農家所得が二九％の激減になったと伝えている。

中外商業新報は公娼《こうしょう》（公認の娼婦）の数が増えたことを一九三二年七月に報じ「窮乏のドン底に陥った農村の娘たちが親のため、あるいは家のために身を苦界《くがい》（遊女の境遇）に沈めて行くものが相当に多いとのことである」と農村不況との関連を指摘している。

ロンドン海軍軍縮条約による補助艦の削減

浜口内閣はロンドン海軍軍縮会議に臨み、こちらは保守派に不満を残した。『太平洋戦争への道』などによる。

九章で述べたワシントン海軍軍縮条約は一万トン以上の主力艦と航空母艦を規制対象とし、これら以外の「補助艦」については諸国の建艦競争が続いていた。一九二九年（昭和四）に英米で補助艦削減の気運が高まり、円高誘導のため緊縮財政を進める浜口内閣にとっても好ましい動きであった。フランス、イタリアを加えた五か国が一九三〇年一月からロンドンで軍縮会議を開き、元首相の若槻礼次郎がわが国代表団を率いた。

ワシントン海軍軍縮条約が定めた主力艦の保有制限トン数は米英それぞれ十に対し、わが国六であった。これが基準となり米国は補助艦も十対六を目指した。わが国海軍はワシントン会議と同じように対米七割を主張し、特に参謀部門の海軍軍令部は七割確保に強く執着した。

交渉は難航したが、一九三〇年四月にロンドン海軍軍縮条約が調印され、対米比率は補助艦全体の総トン数で六九・七五％と定められた。七割に極めて近く、妥結内容はおおむね好意的に迎えられた。『太平洋戦争への道』でこの部分を執筆した小林龍夫は「（代表団が帰国した際に）未曾有《みぞう》の熱狂的歓迎を受けたことは、国民の真意がどこにあったかをしめすものと解せられ」と記している。

統帥権干犯問題が浜口首相の命を縮めた

ロンドン海軍軍縮条約は統帥権干犯《とうすいけんかんぱん》問題に発展し、浜口雄幸の寿命を縮めた。『太平洋戦争への道』などによる。

大日本帝国憲法は第十一条で「天皇ハ陸海軍ヲ統帥ス」、第十二条で「天皇ハ陸海軍ノ編成及常備兵額ヲ定ム」と規定している。十一条が統帥権の根拠で、「統帥」は「軍隊を統率し、部隊の展開や作戦を指示する」ことである。天皇が大元帥《だいげんすい》として陸海軍を統率し、この統帥権行使にあたり陸軍参謀本部、海軍軍令部の二機関のみが天皇を補佐できた。内閣総理大臣はもちろん陸海軍大臣も統帥には口をはさめなかった。

一方、十二条にある「編成」「常備兵額」の決定は首相や陸海軍大臣が天皇を補佐した。帝国議会も予算の議決という形で関わった。

ロンドン海軍軍縮条約の内容は十二条に関わると理解するべきで、憲法学を講じた東京帝大の美濃部達吉《みのべたつきち》教授、京都帝大の佐々木惣一《ささきそういち》教授も同じ見解であった。また対米七割に極めて近い妥結内容は内閣と海軍省が海軍軍令部に配慮した結果でもあった。

ところが海軍軍令部は一九三〇年（昭和五）四月の条約調印前後から、条約締結は十一条の天皇大権を犯す「統帥権干犯」であり、不当であると主張した。陸軍は参謀本部ばかりか陸軍省も軍令部に同調した。野党の政友会も軍令部側に立ち、犬養総裁、鳩山一郎などが条約締結を激しく攻撃した。海軍

浜口雄幸

は条約支持の「条約派」、不支持の「艦隊派」に分かれ、激論を交わした。

ロンドン海軍軍縮条約は一九三〇年十月に批准され、浜口内閣は大きな山を越えた。しかし浜口自身は十一月、東京駅で二一歳の青年、佐郷屋留雄《さごうやとめお》に銃撃されて重傷を負った。これが原因となって一九三一年四月に浜口内閣は総辞職し、浜口は八月に他界した。

佐郷屋は不況や統帥権干犯に憤っての犯行と供述し、背後関係は解明されないまま、単独犯として死刑判決を受けた。恩赦により減刑された後、一九四〇年に釈放された。

満州の特殊性と日露講和への不満

浜口の後を継いで若槻礼次郎が民政党総裁となり、一九三一年（昭和六）四月に第二次若槻礼次郎内閣が発足した。五か月後に満州事変が勃発し、同内閣は同年内に総辞職するが、その前に中国での動きをみよう。『革命とナショナリズム』などによる。

辛亥革命により清帝国が崩壊した後、中国は一九二〇年代前半、いくつもの軍閥が割拠する分裂状態に陥った。革命を主導した孫文は、国民党を率いて南部の広東省を中心に勢力を張ったが、一九二五年に病没した。

蔣介石《しょうかいせき》が孫文の後継者となり、蔣は国民革命軍を率いて北方の軍閥を打ち倒す北伐《ほくばつ》に乗り出した。破竹の勢いで北上し、一九二七年春に南京を制圧し、南京国民政府を樹立した。一九二八年六月には北京に無血入城し、蔣は北伐と全国統一の完成を宣言した。

漢民族による統一政権がひとまず成立したが、北東部の満州は依然として奉天《ほうてん》軍閥の総帥、張作霖《ちょうさくりん》が支配していた。この張を葬り去る張作霖爆殺事件が起きる。

同事件に言及する前に「満州」の特殊性について述べよう。満州は現代中国の黒竜江、吉林、遼寧の三省にほぼ相当するが、ここは古来、漢民族の地と言うよりも北方諸民族の地であった。『中国歴史地図』をみると満州南端の遼東半島とその北方までが漢民族支配の限界であった。

そこに清帝国が樹立され、様相が変わった。清帝国は満州の女真《じょしん》族が漢民族を武力で圧倒した征服王朝である。征服により女真の故地である満州が中国の一部となり、清帝国にとり満州は明らかに中国の一部であった。しかし、漢民族にとっては中国の一部かどうかあいまいな地域で、清帝国が滅びた後、満州は一種の空白地域であった。

わが国は日露戦争での勝利により、遼東半島先端部の関東州に租借地を獲得し、関東軍を駐屯させた。また、関東州と長春を結ぶ南満州鉄道（満鉄とも）を取得し、沿線に事業投資を行った。租借地と鉄道路線から成る点と線であったが、漢民族の支配に正統性がないとすれば、空白に乗じて「点と線」

を「面」に広げることも可能である。張作霖爆殺事件はこれを実行に移そうとした。

日露戦争の講和会議への不満もあった。陸軍や保守派は、仲介役の米国が日本に不利に講和交渉を進め、そのため満州での権益獲得は一部にとどまったと考えた。一章と二章でみたとおり日露ともに弱みがあったが、これは顧みられず、日露講和は不当で「満州は日本のものだ」と唱えた。

六章でみた「二十一カ条の要求」における対中強硬姿勢は右の膨張意欲の表れである。本章冒頭に引用した水野広徳の「戦争賛美者」「日〇必戦信者」、松下芳男の職業軍人観の背景にも膨張意欲があった。

張作霖爆殺事件は満州制圧を目指した

張作霖は無頼漢から身を起こし、奉天軍閥の首領として満州に君臨した。民族的には漢民族と伝えられ、わが国の関東軍と協力関係にあった。張は蒋介石の北伐軍を迎え撃つべく満州を出たが、一九二八年五月に撤兵を余儀なくされた。

わが国の首相はこのころ田中義一で、張と連携し、九カ国条約の枠内で権益を確保しようとした。しかし、関東軍の一部は武力行使による満州制圧を企て、そのきっかけとして張作霖の爆殺が実行された。『太平洋戦争への道』などによる。

爆殺の首謀者は関東軍参謀の河本大作《こうもとだいさく》大佐であった。一九二八年(昭和三)六月四日、奉天(今の瀋陽）近郊で河本の部下が線路に爆薬を仕掛け、張を載せた列車を爆破し、殺害した。

ここまでは計画どおりだったが、後は完全な根回し不足であった。河本は武力行使の部隊を奉天市内に集結させていたが、計画を知らない関東軍参謀が爆殺以前に部隊を解散させた。中国側も軽率には動かず、武力衝突は起きなかった。東京の陸軍中央は爆殺の真相を知らないまま田中首相に関東軍の出動を示唆し、首相も知らないまま陸軍案を却下した。計画は関東軍の内部にすら周知されず、関係者はみな暗中模索した。

稚拙とも言える陰謀であったが、波紋は大きく、一つは前述した田中首相の辞任である。関東軍の犯行とのうわさが流れるなか、田中はいったん天皇に関東軍の関与を上奏したが、陸軍の圧力に屈し、前言を翻した。この撤回に天皇が憤り、田中は内閣総辞職を余儀なくされた。

もう一つは張作霖の長男の張学良《ちょうがくりょう》による易幟《えきし》（のぼりの変更）である。学良は奉天軍閥を受け継ぎ、爆殺の黒幕が関東軍であることを知った。一九二八年十二月、学良はそれまでの五色旗に代えて国民党の青天白日旗を奉天の要所に掲げさせ、奉天軍閥が国民党の傘下に入ったことを内外に告知した。

関東軍内で満州事変の計画が練られた

易幟により国民党の統治は中国全土に及び、蔣介石らは国権《こっけん》回復運動に乗り出した。

清帝国は列強の帝国主義的な圧力に折れて租借地や鉄道利権を提供した。国権回復運動はこれらを武力に訴えてでも回収しようとする強硬な取り組みであった。帝国主義を否定したロシア革命に通じるところがあり「革命外交」とも呼ばれた。

後に外務大臣となる重光葵《しげみつまもる》はこのころ外交官であった。その『重光葵外交回想録』によると、第二次若槻内閣が発足した一九三一年（昭和六）四月、重光は革命外交をけん引する王正廷外交部長と会見した。租借地の回収に関東州も含まれるかどうか尋ねると王部長は「もちろん」と答え、鉄道利権に満鉄も含まれるかとの問いにも「もちろん」と応じた。

あまりにも衝撃的なため重光は極秘扱いで外務省に報告した。しかし同省の白鳥敏夫《しらとりとしお》情報部長が外部に漏らし、国内各層で王部長への反発が広がった。その一方、国民党政府の強い外交姿勢は中国民衆を勇気づけ、反日感情を高めた。満州族の支配から解放された中国の人々はこの時期、清朝末期とは比較にならない結束を示した。国権回復運動の背景には世界史を貫く「民族自決」と「民衆の台頭」が流れていた。

第二次若槻内閣の外務大臣は浜口内閣に続いて幣原喜重郎《しではらきじゅうろう》であった。中国の主権を尊重するワシントン体制の枠内で中国側に対応していたが、満州事変がこの努力を無にする。

満州事変の首謀者は石原莞爾《いしはらかんじ》である。一九二八年十月に関東軍参謀となり、『太平洋戦争への道』によると事変の二年前の一九二九年七月に「関東軍満蒙領有計画」と題する講義を行っている。満州制圧が完了した後の統治体制について論じ、行政、財政、国防などの素案を示した。張作霖爆殺事件に比べはるかに用意周到であった。

世界恐慌が日本に波及するのは一九三〇年で、「関東軍満蒙領有計画」はこれ以前である。世界恐慌による不況がしばしば満州事変の主因とされる。しかし、この計画と張作霖爆殺事件から分かるように、関東軍は恐慌以前から満州領有を意図していた。

事変まで四か月の一九三一年五月、石原は「満蒙問題私見」を記し、「満蒙問題の解決策は満蒙をわが領土とする以外絶対に途《みち》なきことを肝銘《かんめい》〔心に深く刻む〕するを要す」と満州占領への決意を表明している。同じころに関東軍司令部の名で書かれた「満蒙問題処理案」をみると、満蒙占領のためには本国の承認を得ない「関東軍独断」も辞さない強硬姿勢が記されている。関東軍全体が満蒙占領に向かって一致団結していた。

万宝山事件と中村大尉事件による日中間の緊張

国権回復運動に対するわが国の反発はさらに熱を帯びた。

大阪朝日新聞の記事をたどると一九三〇年（昭和五）十二月一日の朝刊一面トップに「わが満蒙政策――破綻の危機に直面」の見出しが躍っている。満鉄の近くに中国側が建設した「満鉄平行線」をめぐる両国の摩擦を報じ、「支那の圧迫いよいよ深刻化す」との見出しも添えられている。一九三一年六月二〇日、夕刊一面トップに「支那側、満蒙の利権回収に熱中す」と題する記事が掲載された。わが国が満州に有した石炭や鉄の鉱業権が脅かされていると伝え、「支那官民の利権回収熱は抽象的絶叫時代から実質的回収時代に入った」「ある種の暗雲が支那側より投ぜられている」などと危機感をあらわにしている。

この緊張をさらに高める二つの事件が起きた。一つは万宝山《まんぽうざん》事件で、長春近郊の万宝山に移住した朝鮮人農民と地元の中国人農民との間で紛争が生じ、日本の警察隊が出動した。朝鮮内で事件が誇大に伝えられ、一九三一年七月に朝鮮在住の中国人一〇九人が殺害された。日本人が深く関わった事件ではないが、わが国は朝鮮を併合していたため、日中関係は一段と悪化した。

もう一つは陸軍参謀の中村震太郎《なかむらしんたろう》大尉が中国軍に殺害された中村大尉事件である。大尉はスパイ行為を働くため日本人の旅行が禁止された満州北部地域に立ち入り、中国側に捕らえられた。一九三一年六月に射殺され、これが八月に日本で公表された。以上二件は『日本近現代史辞典』などによる。

満州事変の勃発と統帥権干犯

一九三一年(昭和六)九月十八日に満州事変が勃発した。『満州事変から日中全面戦争へ』『満州事変・支那事変』などによる。

九月十八日の夜十時半ごろ奉天駅の東北にある柳条湖《りゅうじょうこ》地域を走る満鉄線の線路が爆破された。満鉄を守るべき関東軍が自ら爆破し、中国側の仕業として満州一帯を制圧する計画であった。爆破とは言うものの線路の片側を八〇センチほど吹き飛ばしたのみで、爆破直後に列車が脱線することなく同地点を通過した。この小さな爆発が満州の大地をわが国にもたらした。

爆発の後、奉天駐屯の関東軍部隊は爆破地点に近い中国軍の拠点を攻撃し、十九日明け方までに制圧した。関東軍の司令部は遼東半島先端部の旅順にあり、首謀者である石原莞爾参謀らの進言により本庄繁《ほんじょうしげる》司令官は関東軍全軍の出動を命じた。満鉄沿線に点在した中国軍の拠点を二〇日朝までに攻め落とし、沿線一帯を支配下に置いた。

右が満州事変の第一幕であるが、関東軍は中国側による爆破と発表した。関東軍による謀略との観測も政府部内で流れたが、確証がなかった。その間に既成事実が積み上げられ、最たるものは「独断越境」である。若槻内閣は戦線不拡大の方針を示したが、関東軍と通じた朝鮮軍（朝鮮駐屯の日本軍）が九月二一日、参謀本部の承諾を得ないまま中国へ部隊を送る「独断越境」に踏み切った。大元帥たる天皇の了解を得ない明らかな統帥権干犯であった。

豊臣秀吉の大明国制覇の夢に近づいた

関東軍と朝鮮軍は次第に支配地域を広げたが、一九三一年（昭和六）十月末時点、満州南部を占領するにとどまっていた。国内では陸軍の暴走に歯止めをかけるべく民政党と政友会の大連立が模索された。しかし、かえって閣内不統一に陥り、若槻内閣は十二月に総辞職した。

「憲政の常道」により政友会総裁の犬養毅が内閣を組織した。政友会は陸軍出身の田中義一内閣、統帥権干犯問題での軍部への肩入れにみられるように民政党に比べ陸軍寄りであった。関東軍は部隊を進め、一九三二年二月、満州全土の主要都市を支配下に置いた。

満州領有が実現し、同年三月に溥儀《ふぎ》を元首とする満州国の樹立が宣言された。溥儀は清朝最後の皇帝であったが、辛亥革命により六歳にして帝位から追われ、一九二〇年代中ごろからわが国の保護下にあった。元首とは名ばかりで、実権は関東軍が握った。

こうしてわが国は朝鮮に続いて満州を支配した。歴史をはるか豊臣秀吉は大明国の制覇を夢見て朝鮮に軍勢を送った。この夢に一歩近づき、関東軍の将士は得意の絶頂にあったであろう。しかしこれは「民族自決」という世界史の潮流に真っ向から逆らう動きであった。またワシントン体制の一つである九カ国条約に違反し、諸国はわが国への警戒を高めた。

十三章
五・一五事件と議会主義の後退

血盟団事件が暗殺の時代を開いた

一九三一年（昭和六）十二月に政友会総裁の犬養毅《いぬかいつよし》が首相となったが、前年の総選挙で民政党が大勝し、政権基盤は弱かった。犬養は衆議院の解散に踏み切り、一九三二年二月に総選挙が行われた。政友会は三〇一議席を獲得して圧勝し、民政党は一四六議席であった。民政党のデフレ政策と金解禁による不況に苦しんだ選挙民は、金解禁の再禁止と積極財政を打ち出す政友会に投票した。

両党の経済政策に審判が下ったが、民政党の井上準之助前蔵相はすでに世を去っていた。選挙期間中に右翼暗殺団体の血盟団《けつめいだん》に属する小沼正《おぬましょう》により射殺された。井上を不況の元凶とみなしての犯行であった。

血盟団はさらに同年三月、三井財閥を率いた団琢磨《だんたくま》を射殺した。実行犯は菱沼五郎《ひしぬまごろう》で、同月中に団長の井上日召《いのうえにっしょう》を含む十四名が逮捕された。二つの事件は併せて「血盟団事件」と呼ばれ、ほかに多数の政財界人の暗殺がもくろまれていた。

五・一五事件で犬養首相が死亡

一九三二年（昭和七）五月十五日、犬養毅首相が射殺される五・一五事件が起きた。三上卓《みかみたく》中尉ら四名の海軍将校、五名の陸軍士官候補生の九名が首相官邸に押し入り、犬養に二発の銃弾を浴びせ、殺害した。

五つの組に分かれた犯行で、三上らは第一組であった。第二組は牧野伸顕《まきののぶあき》内大臣の命をねらったが果たせなかった。第三組は政友会本部、第四組は都心の三菱銀行で手投げ弾を爆発させた。農本主義者の橘孝三郎《たちばなこうざぶろう》が率いた農民決死隊は各地の変電所を部分的に破壊した。血盟団事件よりも大がかりで、四一名が有罪判決を受けた。

犬養毅

犯人たちは血盟団と連係し、血盟団が個別の要人暗殺を重ねた後、五つの組の決起により軍人主導の新政権を打ち立てる計画であった。犯行の動機としてロンドン海軍軍縮条約への不満、犬養が満州国創設に消極的であったことなどが指摘される。

しかし、血盟団による暗殺は二人にとどまり、五・一五事件も首相殺害のほかは軽微な破壊であった。政府の転覆などおぼつかず、転覆後の新体制も十分に練られていなかった。クーデターとしては未熟であった。しかし首相殺害の衝撃は深く、政党政治に幕が下りる。

「軍国主義」が「議会主義」を葬り去った

『新版近代日本政治史』によると、政友会は自党による内閣継続を望み、陸軍は司法官僚の平沼騏一郎《ひらぬまきいちろう》による政党色のない内閣を期待した。民政党は海軍穏健派の斎藤実《さいとうまこと》大将による挙国一致内閣を求めた。ただ一人の元老となっていた西園寺公望が首相経験者らの意見を聴きつつ人選を進め、斎藤に落ち着いた。政党人の首相はさらなる混迷を招くとの判断があったとみられる。

一九三二年（昭和七）五月、貴族院、政友会、民政党から人材を受け入れた挙国一致の斎藤実内閣が発足した。

陸軍が平沼を推したことから分かるように陸軍の干渉が始まっていた。「憲政の常道」はもはや働かず、陸軍への配慮なくして内閣を組織することは難しくなった。政党員を中心とする「政党内閣」は犬養内閣を最後に中断し、戦後に復活する。「軍国主義」が「議会主義」を葬り去った。

軍部による支配の兆しは犬養殺害の直後に表れていた。『史話日本の歴史三三』に川合貞吉《かわいていきち》が著した『神田錦町　松本亭』（一九七七年発行）の一部が掲載されている。松本亭は政友会関係者が集まった料亭で、人々からの聞き取りにより川合が犬養の通夜の様子を描いた。

「陸相の荒木貞夫《あらきさだお》が入ってきたときは、さすがに一座に白けた空気が流れた」と記され、参列の人々は陸軍の横暴が犬養殺害につながったと感じたようである。「軍にたいする怒りと、怖れとの複雑な感情のなかで人々は多く語らずつぎつぎと焼香し」、次の一文が続く。

「心のうちで復讐を誓っている者も中にはいたであろう。しかし、誰と誰が軍部の息がかかっているのかわからないこの座で、誰が真の味方であるかの判別もつかないとき、それを口に出す者は一人も居なかった……中略……軍部ににらまれたら、この老宰相と同じ運命をたどらねばならないのである。人々はそう思うと、口をつぐんで首相のこの壮烈なる死に一言の賛辞さえもはばかった」

一九三二年時点すでに軍部の監視と威嚇は人々を恐れおののかせていた。

五・一五事件の減刑嘆願運動が広がった

五・一五事件の犯人たちは自首または逮捕により拘束された。戦前は軍人のみを裁く軍法会議があり、十名の海軍将校は海軍の軍法会議、十一名の陸軍士官候補生は陸軍の軍法会議にかけられた。橘孝三郎ら民間人二〇名の公判は東京地方裁判所で行われた。

軍法会議は一九三三年（昭和八）七月に始まり、海軍将校の平均年齢はおよそ二七歳、陸軍士官候補生は二四歳であった。この若者たちの公判は全国民の注目を浴び、やがて「減刑嘆願運動」が広がる。

被告たちは犯行の動機として政党政治の腐敗、財閥の堕落、ロンドン海軍軍縮条約の不当性などを口々に述べ、八月上旬に行われた三上卓の陳述は法廷の外に漏れ聞こえるほどの熱弁であった。三上は締めくくりで次のように述べた。本節の引用はすべて大阪朝日新聞からである。

「我々は私心や階級的反感にもとづく暴動反乱とは全く違う。ただ期するところは天皇治下、国民の幸福である。我々の行動は愛国心のやむにやまれぬ一挙手一投足であった。犯した罪は自覚しているが、私どもは純な心境にあったのである」

「現在日本は転換期に立っている。私どもがやったことは確かに悪である。ただ上下心を一にして昭和維新の実をあげるのを冀《こいねが》う以外何の望みもない。私どもは今日たちどころに生命を絶つとも、このことさえできれば何ら悔いはない」

国難を救うため罪を覚悟のうえで犬養首相を殺害したとの趣旨であるが、これらの陳述に少なからぬ国民が共鳴し、一般市民や国粋団体による減刑嘆願運動が広がった。

八月十九日の大阪朝日新聞によると、日本大学医学部講師の西巻周光らが一万の署名を添えた嘆願書を陸軍省に提出し、「日本主義」を掲げる日本国民十字軍という団体が二万四千の署名を集めて陸海軍両省、裁判所に減刑を求めた。大阪弁護士会の有志も運動を始めた。小指九本を納めた桐箱が嘆願書とともに荒木陸相に送付された一件も報じられた。

筆者は過熱気味に感じるが、警察行政を担った内務省警保局《けいほきょく》も運動の広がりを懸念し、八月下旬、被告を褒めそやす「被告称揚《しょうよう》」などに陥る事態を防ぐよう全国の当局に指示した。『日本近代化のジレンマ』によると在郷軍人会の中央本部も嘆願を控えるよう地方支部に指示した。

しかし九月中旬、海軍の淺水鐵夫《あさみずてつお》中尉らの弁護は国民の同情をさらに高めた。中尉は検察官は「曲解」しているなどと熱弁をふるい、次のような締めくくりとなった。

「〔淺水中尉は〕感極まって卓をたたき涙をほとばしらせつつ悲壮に絶叫すれば被告らも感謝の思いに、思わず淺水中尉の顔を見あげる、かくて満廷感激のうちに閉廷……中略……退廷する被告らは淺水、朝田両特別弁護人の前に『有難い』『ありがとう』と感謝の言葉を投げながら退廷した」

三日後、他の弁護人が鎌倉に住む小学六年生の少年の手紙を読み上げた。

「子供のくせに生意気でありましょうが今度の求刑は重過ぎると思います、僕は子供でも愛国心には負けませぬ、どうしても死刑というなら僕を身代わりにして下さい」

純真な心根に「被告家族席の中からたまりかねて嗚咽《おえつ》〔むせび泣き〕の声が聞こえる」と大阪朝日は報じた。

動機への理解から軽い判決が下された

減刑嘆願運動は秋が深まっても広がり、署名の数は十一月に百万を超えた。人々の熱い視線を浴びつつ、一九三三年〔昭和八〕九月に陸軍軍法会議、十一月に海軍軍法会議で判決が下された。補助的な役割の陸軍士官候補生十一名にはすべて禁錮《きんこ》八年が求刑され、判決は禁錮四年であった。

海軍側十名は主犯格の古賀清志《こがせいし》、三上卓、黒岩勇の三名に死刑が求刑され、ほか七名は無期から三年の禁錮であった。最大の焦点は少年の手紙にあったように死刑判決の有無であった。

判決は十一月九日に言い渡され、古賀と三上に禁錮十五年、黒岩に禁錮十三年など求刑を大きく下回った。大阪朝日新聞の号外は次のように報じている。


「軽い判決の言い渡しだ。朝田、淺水両特別弁護人は机の上に手を組んで『ハアッ』と感嘆のうなり声を発する。山岸多嘉子《やまぎしたかこ》さんがホッとしたように涙のほほ笑みを弟〔山岸宏中尉〕の背中に投げる、法廷は一種気の抜けたような空気だ」


佐賀市の三上中尉の実家では実弟が「そんな軽い判決で祖母よし〔八三歳〕は随分喜ぶことと思います」と語り、黒岩少尉の実父らは「刑が非常に軽くなりましたことは偏《ひとえ》に全国民の厚い御同情によるものと感謝のほかはありません」と述べた。

裁判官は五名で、四名が海軍士官、一名が海軍法務官であった。判決理由書をみると「いわゆる支配階級たる政党、財閥、特権階級は腐敗、堕落して国家観念に乏しく、相結託して私利私欲に走り、国政をみだり〔乱し〕国防を軽視し、外交の不振、農村の疲弊、思想の悪化を招くなど事態憂慮にたえざるものである」などと犯行の動機が被告の供述に基づいて叙述され、これを受ける形で裁判官たちは「憂国《ゆうこく》の〔国を心配する〕至情《しじょう》〔まごころ〕諒《りょう》〔もっとも〕とすべきものである」と動機への理解を示している。この理解に基づき軽い判決が下された。陸軍法廷の判決理由書も同じような論理構成であった。

犬養は総選挙で国民の信任を得ていた

筆者は右から二つの感懐を覚え、一つは軍隊の独立性である。陸海軍の軍法会議はともに犯行の動機を「諒」としたが、今日、首相殺害事件の判決文で動機が肯定されるとは思えない。厳しく断罪されるだろう。

軽い判決を可能にしたのは軍隊の独立性である。軍人が軍人を裁く軍法会議だからこそ、身内に甘い判決が下された。実際、橘孝三郎ら民間人については海軍の三か月後に東京地方裁判所で判決が言い渡され、橘が無期懲役、副塾頭の後藤圀彦が懲役十五年など陸海軍よりずっと厳しかった。変電所を部分的に破壊しただけながら、最も軽い者で懲役三年半であった。

もう一つは当時の国民意識である。減刑嘆願運動は百万を超える署名を集めた。これも今日このような運動が起きるとは思えない。国民は被害者の冥福を祈りつつ、静かに裁判を見守るだろう。

ただこの点に関しては、犯人たちが陳述したように当時の政党や財閥は国民の批判を浴びていた。前述のように汚職事件が多発し、政友会は三井財閥、民政党は三菱財閥から多額の金銭的支援を受けていると言われた。犬養内閣は一九三一年十二月に金解禁の再禁止を行い、これを見越して米ドルを買い集めていた諸財閥が巨利を手にした。

政党にも財閥にも問題があった。しかし、犬養個人は私腹を肥やす政治家ではなく、金銭面では常に困窮していたと何人もの関係者が述べている。また『日本国政事典』によると、犬養は射殺される七日前の演説で「政界百弊の根源は、選挙に莫大の金を要するが故なれば、まずもって現行選挙法を改正せねばならぬ」と金権政治を憂えていた。さらに、政友会は前述のとおり総選挙において全議席の六五％を獲得する大勝を博し、投票率は八一・五％の高率であった。

国民は犬養に期待していた。ところが、その犬養が射殺された後、多くの国民が殺人犯に同情し、減刑を嘆願した。新聞報道も犯人たちに心を寄せた。政友会に一票を投じた人々と減刑を求めた人々がそのまま重なるわけではなく、国民の意識が一変したとは言えない。しかし、それにしても投票行動と減刑嘆願運動の対照はあまりにも鮮明で、筆者には不可解とすら思える。そして、この不可解は当時の社会構造に起因していると筆者は考える。

教育勅語が戦前の社会構造を決めた

戦前と戦後を比較した二七ページの図を見ていただきたい。今の日本社会は日本国憲法により大枠が定められている。同じように「戦前は大日本帝国憲法が決めていた」と言えるだろうか？　筆者は「言えない」と思う。戦前の社会構造を決めたのはむしろ教育勅語《きょういくちょくご》である。

私事であるが、父親が二〇一七年に九四歳で他界した。九〇代になって私と話していて「朕惟《ちんおも》うに」から始めて教育勅語をすらすら暗唱した。戦後七〇年ほどで、その間、勅語を読むことはなかっただろう。ところが九〇代になっても鮮明に記憶していた。

父親は一九二二年に生まれ、一九三四年に小学校を卒業した。小学校で教育勅語を何度も読まされ、高学年になると多くの生徒が暗唱したという。

一方、私が「大日本帝国憲法は？」と尋ねると、「そんなもん知らん。平民《へいみん》（一般市民）はそんなもん知らん」と即答した。父親は今の工業高校に相当する学校を卒業し、その世代としては学歴は低くなかった。多くの国民は今の中学校相当の教育で終わったから、やはり大日本帝国憲法は「そんなもん知らん」であったろう。

これには理由があり、日本国憲法では国民が主権者である。この主権をどのように行使するか憲法に定められ、そのため国民一人ひとりがよく知る必要がある。これに対し大日本帝国憲法では天皇が主権者であった。国民一人ひとりが知る必要はなく、社会の上層のみが知っていた。

そして戦前の社会構造を決めた規範は教育勅語である。教育勅語は一八九〇年（明治二三）に定められ、天皇が臣民に語りかける形となっている。「朕惟うに」から始まり、臣民として心がけるべき徳目が説かれている。長くはない文章に「臣民」の言葉が五度も使われ、国民はすべて天皇の臣民であることが柔らかい子供たちの頭にしみ込んだ。

教育勅語による国家規模の「家族」

教育勅語に基づき巨大な「家族」が構築され、近代天皇制が整えられた。

『イデオロギーとしての家族制度』を著した川島武宜《かわしまたけよし》によると、教育勅語制定のころに発行された東久世通禧《ひがしくぜみちとみ》の『修身教科書』が小学校の道徳教育の基調をつくった。この教科書は川島によると「親の『身分』が尊貴なもの」であり、子は「親の命令に絶対服従すべき義務をおう」とし、さらに「親子の関係を天皇と国民との関係に類推して、天皇の『親心』を強調」した。現実の親子関係をわが国全体に広げ、天皇を頂点とする疑似的な「家族」を創出しようとした。

親に絶対的な権威を認め、親のまた親、さらにその上の親という形で天皇までつながる巨大かつ仮想的な「家族」が構築された。この頂点に立つことにより天皇は全臣民の上に君臨し、大日本帝国の盟主となった。

もう一つ赤子《せきし》という言葉がある。赤子《あかご》と読めば普通の「赤ん坊」であるが、赤子《せきし》と読むと「天皇の赤ん坊」という意味になる。そして「臣民はみな天皇の赤ん坊であるから、天皇に絶対服従しよう」との意味が込められた。

右を踏まえて教育勅語をみると、国民はすべて天皇の臣民であることが繰り返され、さらに「わが国が危機に陥ったときは勇気を奮って国のために戦い、皇室の隆盛を支えなさい」という趣旨の言葉もある。「赤子」たる臣民は「親」である天皇のために戦えとの教えである。天皇は陸海軍を率いる大元帥でもあったから、天皇に仕える陸海軍の将士は天皇の下に位置する「親」である。戦争になると、この親たちが「子」としての国民を指揮した。

政党も総理大臣も今日より小さな存在だった

政党や総理大臣の地位も戦前と戦後では大きく異なった。

再び二七ページの図を見ていただきたい。日本国憲法のもとでは衆参両議院が要《かなめ》の位置を占める。これに対し、大日本帝国憲法では天皇から行政機構を経て臣民に下りる流れが中心である。

二つの議院はこの流れの横にあり、しかも貴族院議員は選挙制ではなく天皇により任命された。また日本国憲法のもとでは衆議院が参議院に優越し、衆議院は卓越した地位を占める。これに対し戦前の衆議院は貴族院、諸大臣、陸海軍などと同列に並ぶ機関の一つにすぎなかった。

その一方、国家機構全体をすっぽり包み込む形で教育勅語に基づく国家規模の「家族」が存在し、臣民はみな天皇の「赤子」であった。そのなかで衆議院は横並びの機関の一つにすぎず、総理大臣もまた主権者たる天皇を補佐する臣民の一人であった。天皇という巨大な存在があるため、衆議院も総理大臣も今日よりずっと小さな存在であった。

衆議院を活躍の場とする政党の地位も低く、政党に見切りをつけ軍部や官僚に期待することも可能であった。「憲政の常道」により政党政治が行われたが、この「常道」に法的な根拠はなく、単なる慣例であった。明治時代から何人もの軍人首相が誕生し、軍人政権は戦前、不自然ではなかった。

例証として永井荷風《ながいかふう》の日記『断腸亭日乗《だんちょうていにちじょう》』をみよう。

満州事変の翌月の一九三一年十月に陸軍軍人などによるクーデター未遂があり「十月事件」と呼ば

れる。荷風はこの情報に接し、十一月十日に次のように記した。

「政党政治の腐敗を一掃し、社会の気運を新《あらた》にするものは盖《けだし》〔おそらく〕武断政治をおきて他に道なし、今の世において武断専制の政治は永続すべきものにあらず、されど旧弊を一掃し人心を覚醒せしむるには大に効果あるべし」『摘録断腸亭日乗』

政党政治の腐敗を正すには武断政治もやむなしとの見方であるが、荷風は軍国主義に肩入れしていたわけではない。この荷風が右の感懐を残すほど政党への信頼は低かった。

国民は満州事変の戦果に狂喜した

永井荷風は『断腸亭日乗』で軍国主義の根強さにも言及している。軍部は満州事変に続いて上海事変を引き起こした。一九三二年（昭和七）三月四日に荷風は次のように記している。五・一五事件はまだ起きていない。

「銀座通商店のガラス戸には日本軍上海攻撃の写真を掲げし所多し、蓄音機販売店にては盛んに軍歌を吹奏す……中略……思うに吾国《ごこく》〔わが国〕は永久に言論学芸の楽土《らくど》にはあらず、わが国民は今日に至るもなお往古のごとく一番槍《いちばんやり》の功名を競い死を顧みざる特種〔特殊〕の気風を有す、また奇なりと言うべし」『摘録断腸亭日乗』

十二章の冒頭で一九二二年ごろの軍国主義について述べた。これは十年後も変わらず「特種の気風」

が流れていた。それどころか満州での華々しい戦果は軍国主義への評価を一気に高めた。満州事変の真相は隠され、中国側の攻撃への反撃とされた。防衛的なある程度のところで矛を収めるはずである。ところが陸軍はどんどん戦線を広げ、相次ぐ戦勝の報に国民も新聞も熱狂した。

一九三一年十一月十八日の東京朝日新聞をみると「沸きたつ祖国愛の血　全日本にみなぎる！」の見出しのもと、満州の将兵をねぎらう慰問《いもん》の金品が続々と陸軍に寄せられる様子が報じられ、一紙面の半分近くを占めている。東京深川のルンペン（路上生活者）たちが献金したとの記述もあり、その一人は「おれ達ゃやせても枯れても日本国民だ。一日や二日飯は食はねえだって問題じゃねえ。満州の兵隊に金をだそう」と話した。

翌十九日の紙面は満州北部の要衝チチハルの制圧を伝え、「爆弾と砲弾の威力　敵軍一たまりもなし」という威勢のいい見出しのもと「勇猛果敢の騎兵、歩兵などの突撃によって……中略……敵主力陣地はついに午前九時四〇分わが軍の手により完全に占領され、日章旗は寒風にひるがえって大勢は早くもここに決した」と誇らしく報じた。

当時を知る関係者の証言も同様である。五・一五事件で有罪判決を受けた右翼思想家の大川周明《おおかわしゅうめい》への尋問調書が残され、大川は「国民的ロマンティシズムともいうべき感激の間に国民は関東軍の態度を賛美し後援した」と答えている。大作『人間の條件《じょうけん》』で知られる作家の五味川純平《ごみかわじゅんぺい》は当時満州に住み、戦後に作家の松本清張《まつもとせいちょう》との対談で次のように語った。

「私は満州事変が起こったときは中学四年生でした。今、思い出してみますと、『満州生命線論』……不況にあえぐ日本にとって満州は生命線である。これはほんとうに全国津々浦々まで浸透したキャンペーンだったと思いますよ。私のいた満州にも青年連盟というようなのができまして、満州にいる日本人のインテリゲンチャ〔知識人〕のイデオローグ〔ある思想の主張者〕たちがブチ回るわけです。満州は日本の生命線である、満州を取れば日本は救われるって」『対談昭和史発掘』

「満州生命線論」は事変以前の一九三一年一月、政友会の衆議院議員だった松岡洋右《まつおかようすけ》が議会で「満蒙は実に我が国の生命線である」と述べ、流行語となった。

戦争は絶対的な「悪」ではなかった

満州の面積はわが国の今の国土より三倍ほども大きい。この大地を陸軍は半年足らずで制圧し、日露戦争で大勝して以来の快挙であった。国民はこれに熱狂するとともに、不況脱出を期待した。『昭和ニュース事典』に収録された一九三二年（昭和七）三月の東京朝日新聞の記事をみると「朗らかなスタートを切った満州国――産業開発、門戸開放のかけ声でわきたつような騒ぎ」「〔満州国の首都建設の報に〕大小の土木請負業者が押すな押すなの満州国乗り出し」「〔満州国は〕充《み》ち満ちた宝の国」などと報じている。五味川の「日本は救われるって」の言葉どおり、多くの国民が関東軍により「救われた」と感じた。

その一方、政党は汚職や財界との癒着を指摘された。満州の大地をもたらした陸軍との対照はあまりにも鮮明で、軍部の人気が急上昇する一方、政党への評価は急降下した。大川周明は右の尋問調書において事変前すでに「政党財閥の態度に愛想を尽かした国民の一部は重大なる希望を軍部にかけるに至りました」と述べており、事変の快挙はこの「希望」を国民全体に広げた。

満州事変は今は否定的にみられ、当時の人々の反応を不可解に思う読者もいるだろう。しかし、むしろ当然な反応で、理由は歴史的な位置である。

事変は日中戦争、太平洋戦争につながり、悲惨な結果を生んだ。私たちはこの流れを知っているから否定的にとらえる。しかし当時の人々は知らない。人々にとり戦争とは日清戦争と日露戦争であった。これらにより朝鮮を支配し、さらに事変で満州を制圧した。勢力圏の拡張という目に見える成果を伴ったため、戦争への抵抗感は小さかった。今日イメージされるような「悪」ではなかった。

私たちはまた平和主義に親しんでいるが、満州事変当時この価値観は普及していない。他国の土地を奪う形であっても勢力圏さえ広がれば歓迎されたのである。「残された帝国」たる大日本帝国の人々は依然として「帝国主義の時代」に生きていた。

「赤子」の立場からの犯行

右のようにみてくると五・一五事件の減刑嘆願運動の不可解さもいくらか和らぐ。

国家規模の「家族」と「赤子《せきし》」の体系が構築され、そのなかで軍人たちは天皇に近い上位を占めた。衆議院は横並び機関の一つにすぎず、議会を形骸化し、「赤子」の体系により国家を運営することも可能であった。永井荷風のように「武断政治」に期待する声も小さくなかった。

また、わが国は「残された帝国」であった。依然として「帝国主義の時代」にあり、国民は勢力圏の拡大を歓迎した。そこに満州事変という快挙が達成され、陸軍への評価が一気に高まった。党利党略を繰り返す政党に比べ、沈黙したまま満州占領という輝かしい戦果を挙げる軍部は頼もしい存在であった。人々はこの頼もしさに心酔し、「議会主義」という回りくどい手続きよりも「軍国主義」がもたらす成果を評価した。

犯人への視線も異なった。殺人は言うまでもなく大罪であり、首相の暗殺ともなれば社会全体に弓を引く凶悪極まりない犯罪である。犯人は今日、厳しい視線を浴びる。しかし当時、わが国は民主主義ではなく、人々は「選挙民」である前に天皇の「臣民」であり「赤子」であった。三上卓が「天皇治下、国民の幸福」「上下心を一にして」と述べたように、犯人たちは「赤子」の立場から犯行に及んだことを強調した。これが同じ「赤子」である人々の心に響いたのである。

書籍『五・一五事件』によると、外交評論家の清沢洌《きよさわきよし》が雑誌『改造』に「五一五事件の社会的根拠」と題する論文を発表し、当時の国民を「『日本主義』を代表する大衆」「『西洋流の教育』の影響を受けたる人々」の二つに分けた。清沢の推測によると国民の八割が前者に属し、これら「大衆」は被告たちに「熱烈に同情」したという。

十四章
陸軍の影響力の増大

日本の「民衆の台頭」は「軍国主義」に導かれた

ここまでの経緯で「軍国主義」が「社会主義」「議会主義」を圧倒した。治安維持法により「社会主義」が壊滅的な打撃を受けた。普通選挙の開始とともに「議会主義」が期待を集めたが、たび重なる暗殺が政党人の口を封じてしまった。かたや満州の制圧により「軍国主義」が称賛を浴びた。

この流れの根底には「帝国」という国の成り立ちがあり、人々の帝国主義的な価値観があった。「社会主義」と「議会主義」を跳ね返す「軍国主義」の強固な岩盤が存在した。

主体別にみると、陸軍では世代交代が進んだ。陸軍は大正時代、長州軍閥が批判され、軍人軽視の風潮が広まるなど、厳しい逆風にさらされた。この間に世代交代が進み、昭和初期にはもはや長州軍閥と言える状況ではなかった。張作霖爆殺事件を主導した河本大作、満州事変の首謀者である石原莞爾、五・一五事件のときに陸軍大臣だった荒木貞夫のいずれも長州とはつながりがない。これら新しい世代が陸軍を率い、大陸で武力を振るうことにより民衆の支持を集めた。

その民衆についてみると、「日比谷焼き打ち事件」に始まったわが国の「民衆の台頭」はロシアのような社会主義にはつながらず、欧米のような民主的な方向にも進まなかった。同事件や米騒動にみられた民衆のエネルギーは怒りや不満による一時的な爆発であり、何らかの方向性を伴うものではなかった。その一方、地方を中心に戦争や侵略を肯定する心情が流れ、保守派はこの心情を「軍国主義」に導いた。このうえに序章で述べた「神がかり」が重なる。

五・一五事件の後、斎藤実、岡田啓介《おかだけいすけ》が総理大臣となった。二人は穏健派の海軍大将で、陸軍など強硬派への抵抗を試みた。しかし、強硬派の勢いは止まらず、陸軍は政治への介入を深めていく。

国際連盟脱退による国際社会からの離反

国際連盟は満州事変の調査に乗り出し、リットン調査団が一九三二年（昭和七）十月「リットン報告書」を発表した。

『太平洋戦争への道』によると、報告書は関東軍の軍事行動を正当防衛とは認めず、満州国については「自発的な独立運動の結果として生まれたものとは考えられ」ないため承認できないとした。ここまでは日本に厳しいが、わが国の満州における権益は承認した。また満州国に代わる自治政府の樹立を勧告し、日本中心の外国顧問団が自治政府を指導するよう提案した。

このようにわが国への配慮はあったが、満州国の否認に日本側は激しく反発した。『昭和ニュース事典』収録の新聞記事をみると、外務省幹部が「〔報告書は〕日本側および満州国側のいうことはすべて虚偽で、満州国に不利な証言は何者の言であってもすべて是認するといった態度で出来ている」と酷評した。大阪毎日新聞の報道である。東京日日新聞は「『リットン報告書黙殺すべし』というのが軍部の期せずして一致した声である」と陸軍の憤激を伝えている。

報告書は国際連盟で審議され、わが国の全権代表は「満蒙は生命線」の松岡洋右《まつおかようすけ》であった。

一九三三年二月二四日、スイスのジュネーブで開かれた国際連盟臨時総会において、リットン報告書に基づく満州問題の解決策が表決に付された。結果は賛成の国々が四二、反対はわが国一国、棄権がシャム（現在のタイ）一国であった。この結果をみて松岡全権はその場で連盟脱退を通告した。

『昭和史講義』などによると、松岡は連盟残留を希望していたが、国内の反連盟の声に押されて脱退を表明した。松岡自身は不本意であったが、この松岡を国民は熱烈に歓迎し、同書で当該部分を担当した等松春夫《とうまつはるお》は「連盟との訣別《けつべつ》をめぐる松岡と世論の乖離《かいり》は政党政治の規範が成熟していない段階における大衆民主主義の危険を示していた」と記している。「軍国主義」に導かれた民衆のエネルギーが脱退を後押しした。

陸軍は中国で外交当局のようにふるまった

陸軍は満州支配を固めた後、満州の南側にある中国華北地方に矛先を向けた。

国際連盟脱退の前日にあたる一九三三年（昭和八）二月二三日、連盟での審議をあざ笑うかのように関東軍が中国の熱河省《ねっか》で大規模な軍事行動を起こし、支配地域を西に広げた。熱河省は今は存在しない省で、現在の内蒙古自治区、遼寧省、河北省が接する地域にあった。

関東軍はさらに進んで五月、北平（今の北京）、天津を脅かし、天津東方の塘沽《タンクー》で塘沽停戦協定が結ばれた。日本軍は万里の長城の北側、中国軍は南方に退き、中間に非武装地帯が設定された。

一九三五年六月には梅津《うめづ》・何応欽《かおうきん》協定が結ばれた。これにより国民党の勢力などが河北省から撤退し、陸軍は勢力圏を南に広げた。『太平洋戦争への道』によると、天津の親日派新聞の社長二人が相次いで殺害されて緊張が高まり、関東軍と天津軍（日本の支那駐屯軍）が威嚇するなかで協定が交わされた。二人の殺害は天津軍の謀略とする説もある。

両協定とも軍人が調印し、外交官が介在していない点に注目したい。塘沽停戦協定は関東軍参謀副長の岡村寧次《おかむらやすじ》、梅津・何応欽協定は天津軍司令官の梅津美治郎《うめづよしじろう》が署名し、中国側も軍事部門の代表者であった。陸軍は中国で外交当局のようにふるまった。

「陸パン」による陸軍の政治干渉

陸軍は国政への干渉を深め、具体例の一つは「国防の本義と其《その》強化の提唱」と題された小冊子である。一九三四年（昭和九）十月に陸軍省新聞班が発行し、「陸軍パンフレット」「陸パン」などと呼ばれた。

『史料明治百年』から引用する。

陸パンは「たたかいは創造の父、文化の母である」という衝撃的な言葉で始まり、「『国防』は国家生成発展の基本的活力の作用である」などと述べて国防すなわち軍事を最優先の政策課題とした。そして国防強化のため思想面について「国際主義、利己主義、個人主義的思想を芟除《さんじょ》〔刈り取り〕する」「民族特有の文化を顕揚《けんよう》〔広め高め〕し、泰西《たいせい》〔西洋〕文物の無批判的吸収を防止する」などと主張し、国粋的な色彩を強く打ち出した。

経済政策については、国防のため「科学的研究機関を統制し」、「戦時経済の確立」に向けて「戦時海外資源の取得計画」「戦時財政金融対策」などについて研究するよう求めた。「国民の覚悟」と題された最後の部分では「皇国《こうこく》〔天皇が統治するわが国〕は今や駸々乎《しんしんこ》〔速やかに進行〕たる躍進を遂げつつある、一方列強の重圧は刻々と加重しつつある」と述べ、わが国と諸国の衝突を示唆している。「日本精神の高調拡充」も訴えた。

陸軍が内閣に成り代わったような内容で、陸パンは各界の反発を呼んだ。『昭和ニュース事典』収録の大阪毎日新聞の記事によると、民政党の幹部会は「意外千万で唖然《あぜん》たらざるを得ない。政治干与《かんよ》もここに至っては驚くのほかはない」との見方で一致した。財界は自由主義経済への介入を警戒し、「陸軍の自重」を望んだ。これらの批判を受け、林銑十郎《はやしせんじゅうろう》陸軍大臣は閣議で「かかることを軍自ら行うというがごとき意思は毛頭ない」と語るなど釈明に追われた。

天皇機関説と君権絶対主義の対立

陸パンは思想面にも言及したが、「天皇機関説事件」が起き、「議会主義」はさらに後退する。

東京帝国大学の法科（今の法学部）の教授であった美濃部達吉《みのべたつきち》は大正時代、これも同大学法科教授の上杉慎吉《うえすぎしんきち》と天皇の憲法上の地位について激論を交わした。上杉の学説は「君権絶対主義」と呼ばれ、天皇は臣民を超越する絶対的な主権者であるとした。美濃部は「天皇機関説」を唱え、天皇は国家という「法人」の最高位で各種の権能を行使する「機関」であるととらえた。

大日本帝国憲法をみると第一条に「大日本帝国ハ万世一系《バンセイイッケイ》ノ天皇之《コレ》ヲ統治ス」、第三条に「天皇ハ神聖ニシテ侵スヘカラス」と定められ、第四条は「天皇ハ国ノ元首ニシテ統治権ヲ総攬《ソウラン》シ此《コ》ノ憲法ノ条規ニ依《ヨ》リ之ヲ行フ」となっている。一条と三条をみると「君権絶対主義」のように思えるが、四条の「憲法ノ条規ニ依リ」に着目すると「天皇機関説」のようにも思える。上杉と美濃部の論争はこの二面性に由来し、白黒つかないまま両説が並存していた。

ここに一九三五年（昭和十）に天皇機関説事件が生じ、軍部に有利な方向に展開した。以下の引用は『昭和ニュース事典』所収の新聞記事である。

同年二月に菊池武夫《きくちたけお》貴族院議員が岡田啓介内閣の諸大臣に質問し、これが発端である。菊池は憲法解釈の著作に「国体《こくたい》（天皇を中心とする国家体制）を破壊し、革命的闘争を扇動するがごとき疑いあるものがある」と述べ、美濃部の著作も含まれた。菊池は予備役の陸軍中将でもあった。

美濃部は貴族院議員でもあり、貴族院で弁明に立った。憲法に「国務」「国債」などの言葉があることから大日本帝国は「法人」であるとし、これら国事を天皇が「機関」として担うなどと論じた。菊池はそのような内容であれば「問題とするにも当たらないように思う」と述べ、あっさり矛を収めた。

国体明徴声明は二度行われた

菊池議員の了解では終わらず、新たな火の手が上がる。

『昭和ニュース事典』所収の大阪毎日新聞の記事によると「軍部ならびに愛国団体方面」が動き出し、「主権在民の思想を髣髴《ほうふつ》せしめる」「わが国体は欧米流と異なり一大家族的延長拡大であり、君主と臣民との間には西洋流に権利、義務の関係にあるものでない」などと美濃部の学説に憤った。十三章でみた「家族」と「赤子」の体系に基づく反発である。

岡田内閣に敵対的な政友会も美濃部批判に加わり、火の手は速やかに広がった。岡田首相は中立的な立場であったが、帝国議会で天皇機関説への姿勢をたび重なり問われ、一九三五年（昭和十）三月に「不賛成」を表明した。三月下旬には貴族院、衆議院で相次いで天皇機関説を排撃する決議が行われた。これを受けて機関説関連の著作が書店から姿を消した。

機関説への攻撃はさらに続き、政友会や陸軍は内閣による「国体の明徴（明確化）」を要求した。岡田首相は実行をためらったが、圧力に折れ、八月に「国体明徴声明」が発表された。

声明は「大日本帝国統治の大権は厳として天皇に存すること明らかなり……中略……〔天皇は〕機関なりとなすがごときは、これ全く万邦無比《ばんぽうむひ》なる〔他国に例のない〕我が国体の本義《ほんぎ》〔本来の意味〕をあやまるものなり」と述べて機関説を否定し、「君権絶対主義」を確認した。

政府はさらに一般大衆向けの講演会の開催、国体明徴に反する教科書の不使用などを打ち出した。また、周囲の説得もあって美濃部本人が九月に貴族院議員を辞職した。

これで幕引きのはずであった。しかし美濃部は辞職にあたり――自説の誤りを認めるのではなく、貴族院の秩序維持などの理由で辞任する――との趣旨の声明を発表した。陸軍、愛国団体などは再び猛反発し、美濃部は三日後に声明を取り消した。しかし、これでは収まらず、政府は十月に「第二次国体明徴声明」を発表した。

第二次声明は第一次と同趣旨であるが、天皇機関説を「芟除《さんじょ》〔刈り取り〕」するべきと明言し、一次よりも強硬に機関説を排撃した。国体明徴の具体的な施策についても「〔政府は〕全幅の力を効さん〔発揮する〕ことを期す」と強い決意を述べた。

八か月にわたる天皇機関説事件により天皇の権威は絶対無比となった。

「国軍」から「皇軍」へ

天皇の権威の絶対化は「議会主義」の後退であるとともに「神がかり」の進行でもあった。

陸軍では荒木貞夫中将が陸軍大臣を務めた一九三〇年代前半に顕著であった。戦後に発行された『宇垣一成の歩んだ道』によると、荒木はそれまでの慣例を相次いで変更し、皇道《こうどう》主義を広めた。「皇道」は「天皇による統治」を意味する。

一つは軍隊の呼び名で、それまでの「国軍」に代えて「皇軍《こうぐん》（天皇が統率する軍隊）」を普及させた。同書の著者は次のように評している。

「この言葉（国軍）の底には『国民の軍隊』という思想がある。これに対し荒木陸相はその日本主義と神権思想から『朕《チン》ハ軍人ヲ股肱《ココウ》（手足）ト頼ミ』（軍人勅諭の一部）を不当に強調して『天皇の軍隊』なりとした」

荒木はまた陸軍の教育機関の校門に掲げられた「星章」を天皇家ゆかりの「菊の御紋」に改め「軍人に一般庶民とは別個のものなりという信念を与えることにつとめた」。さらに陸軍軍人が携行する刀を洋式のサーベルから「古代の陣太刀に模した」和式の軍刀に変更し、海軍も追随した。

荒木をたたえる著作もあった。一九三五年発行の『明日の政権を擔《にな》ふ人々』は荒木について「腰に日本刀をひっさげて皇道精神の昂揚《こうよう》を説く」「皇道精神の発揚を説いて全日本を奮起せしむる救世家」などと高く評価している。そして「政権争奪のために狂奔する従来の政党には国民は飽き飽きして来た」と政党を批判し、「国民大衆には、彼の精神的、神がかり的な救世的演説に大いなる期待を持っているものがかなりある筈《はず》だ」と荒木の大衆的な人気を強調する。これに「青年将校の期待も大きい」が続いた。

二・二六事件の趣意書に「八紘一宇」

一九三六年（昭和十一）二月二六日に二・二六事件が起き、ここにも「神がかり」がみられる。

二・二六事件は五・一五事件と同様に政府の転覆を図ったが、規模、計画性ともに五・一五をはるかに上回った。五・一五は海軍将校が主導したが、二・二六は陸軍将校が彼らの部隊を率いて決起し、総勢一五〇〇人近い大規模な反乱であった。五・一五で殺害された要人は犬養首相一人であったが、二・二六では前首相の斎藤実内大臣、これも首相経験者の高橋是清蔵相、リベラル派とみられた陸軍教育総監の渡辺錠太郎《わたなべじょうたろう》大将が殺害され、侍従長の鈴木貫太郎《すずきかんたろう》海軍大将も重傷を負った。岡田啓介首相も襲撃されたが、無事だった。

陸軍では当時、主流派の「統制派」と反主流派の「皇道派」が激しく対立し、事件を引き起こしたのは皇道派の青年将校たちである。荒木貞夫は皇道派の中心的人物であったが、事件には無関係とみられている。

皇道派の呼び名が示すように、青年将校たちは天皇への絶対的忠誠を誓い、天皇自ら権力を振るう「天皇親政」による国家革新をもくろんだ。事件当日に「蹶起《けっき》趣意書」が散布され、書き出しは次のようであった。『史料明治百年』から引用する。

「謹んで惟《おもいみ》るに我が神洲《しんしゅう》たる所以《ゆえん》は、万世一神たる天皇陛下御統率の下に、挙国一体生成化育を遂げ、終《つい》に八紘一宇《はっこういちう》を完了するの国体に存す」

「八紘一宇」は『日本書紀』に由来し「世界を一つの家にすること」すなわち「世界制覇」を意味する。全体を意訳すると――わが国は天皇の指導のもと、人々が力を合わせて成長し、最終的に世界制覇を成し遂げる国であり、それゆえ「神洲」すなわち「神の国」なのである――となる。

「蹶起趣意書」はこの後、元老、重臣、財閥、政党などを非難する。さらにソ連、中国、英国、米国との戦いが近づいているとし、これに備えて政治刷新の「維新」を断行するため決起したと述べる。最後は次のように結ばれた。

「以《もっ》て神洲赤子《しんしゅうせきし》の微衷《びちゅう》を献ぜんとす。皇祖皇宗《こうそこうそう》の神霊　冀《こいねがわ》くは照覧冥助《しょうらんみょうじょ》を垂れ給はんことを」

意訳すると――以上により神の国の赤子である私たちの真心を献上します。天皇家のご先祖の神々ならびに歴代天皇のご神霊がこの真心をご覧になり、お助け下さるようお願い致します――となる。今上天皇のみならず、はるか古代の神々にまで「赤子の真心」を届けようとした。

二・二六事件後に軍部のさらなる勢力拡大

二・二六事件は鎮圧され、十九名の首謀者が死刑に処された。五・一五事件のような減刑嘆願運動も起きなかった。しかし、暗殺の危険が一段と高まり、穏健派の指導者たちは恐怖に包まれた。これが軍部の勢力拡大を許し、一つは軍事費であった。

高橋是清蔵相は軍事費の拡大に抵抗し、これが殺害の理由と伝えられる。これに対し、事件後の広田弘毅《ひろたこうき》内閣における馬場鍈一《ばばえいいち》蔵相は予算全体、軍事費ともに前年度比三〇％以上も増やす一九三七年度予算案を組んだ。この軍部への大盤ぶるまいから「馬場財政」の名を残している。

この予算案は一九三七年（昭和十二）二月に広田内閣が崩壊したため成立せず、林銑十郎内閣により下方修正された。しかし、この年に日中戦争が勃発し、軍事費は増加の一途をたどる。

「陸パン」は軍部の政治介入を象徴したが、二・二六事件はこれに拍車をかけた。一つは一九三六年九月の「行政機構改革案」で、寺内寿一《てらうちひさいち》陸相、永野修身《ながのおさみ》海相が連名で広田首相に提出した。大阪朝日新聞によると「国策樹立遂行の総合的統制機関」の新設、外務省と拓務省の統合、農林省と商工省の統合などを内容とし、統制強化による戦争遂行体制の確立を目指した。「拓務省」は植民地行政を管轄した役所、寺内寿一は寺内正毅「ビリケン首相」の長男である。

もう一つは一九三六年十月に浮上した「議会制度改革案」である。陸軍部内で帝国議会の権限縮小を目指す動きがあると新聞で報道され、その「改革案」は米国流の三権分立の導入による政党内閣の完全否認、議会の政府弾劾権の否認など衝撃的なものであった。諸政党は猛反発した。寺内陸相は陸軍の関与を全面的に否定し、事態を収拾した。

「行政機構改革案」「議会制度改革案」はいずれも実現しなかった。しかし、日中戦争開始後に戦時統制の中心的機関として企画院が設置され、一九四〇年に諸政党が自ら解党して大政翼賛会に参加するなど、後の歴史はこれら「改革案」をなぞる。

十五章 『国体の本義』と日中戦争

『国体の本義』の発行

国体明徴声明は「〔天皇機関説は〕我が国体の本義をあやまるものなり」と述べた。これを具体化した『國體《こくたい》の本義』と題する冊子が一九三七年〔昭和十二〕に発行され、「神がかり」が進む。

『現代史資料四二』によると一九三五年十一月「教学刷新評議会」が文部大臣〔今の文部科学大臣〕の諮問機関として設立された。各帝国大学総長などの学識経験者、陸海軍の将官、高級官僚など六〇名近くが評議員を務め、設立趣旨に「多年輸入せられたる西洋の思想、文化の弊とする所を芟除《さんじょ》すると共にその長とする所を摂取し、もって日本文化の発展に努むる」と西洋思想の見直しがうたわれた。

評議会は一九三六年十月に答申を発表し、「国体・日本精神の真義《しんぎ》〔本当の意義〕の闡明《せんめい》〔明確化〕」を強調するとともに、学問研究、学校教育、社会教育の「刷新」を打ち出した。これを受けて『國體の本義』が作られた。「國體」は旧字体のため以後「国体」と表記する。

「個人主義の行き詰まり」の打開

『国体の本義』は一五六ページの冊子で、発行主体は文部省である。著者は表示されておらず、『現代史資料四二』は関係者からの聴き取りに基づき「文部省の合作」としている。学者の手になる草案に文部省の思想課が修正を施し、さらに局議、省議を経て完成に至ったとみられる。

日中戦争以前の一九三七年（昭和十二）三月に発行され、全国の学校、図書館、官庁などに配布された。ウィキペディアによると市販版も合わせて一九四三年までに一九〇万部が印刷された。国立国会図書館の「近代デジタルライブラリー」で検索すると数多くの解説書が出版され、国民思想に多大な影響を及ぼしたことが分かる。

内容をみると『古事記』『日本書紀』などの古典や歴代天皇、忠臣たちの言行を引用しつつ、わが国は天皇が統治する国であるとし、忠君愛国、国家的家族主義などの価値が打ち出される。「緒言《しょげん》」「大日本国体」「国史における国体の顕現」「結語」の四部から成る。

「緒言」は序章に当たる。内容をみると、西洋思想の流入が「欧化主義」をもたらし、対抗して「国粋保存主義」が生じたため「思想は混迷に」陥ったと述べる。そこに教育勅語が下され、国民は「進むべき確たる方向を見出した」と思われた。しかし「西洋思想は、その後も依然として流行を極め」、この西洋思想とは「民主主義、社会主義、無政府主義、共産主義」などであった。

さらに進んで、西洋思想は「西洋近代思想の根底をなす個人主義に基づく」とし、個人主義は世界的に行き詰まっていると断言する。そして、行き詰まりの打開は日本人全体の「重大なる世界史的使命」であり、これを達成するため国民に「自覚と努力」を求める。

「個人主義の行き詰まり」の背景には一九二九年に始まった世界恐慌があった。資本主義諸国の経済は低迷し、その根底には自由主義と個人主義に支えられた資本主義経済の不安定性があった。資本主義の修正が試みられ、米国は巨額の公共事業を伴う「ニューディール政策」を実施した。ファシズムの台頭したドイツとイタリアでは経済機構への国家介入が深まった。

その一方、資本主義の圏外にあった社会主義国ソ連は「五か年計画」により経済の計画化を進め、社会主義は資本主義より優れているとの論説も聞かれた。これらから、自由放任の古典的な資本主義はもはや過去のものとされ、何らかの統制や公的介入が必要との見方が世界的に広まった。

帝国議会は「天皇親政」の「補佐機関」となった

『国体の本義』の第一章「大日本国体」は古典などを根拠として日本は天皇中心の社会であると論じ、「忠」「孝」「和」などの価値を提示する。

第二章「国史における国体の顕現」は右の諸価値がわが国の歴史をあまねく貫いていると説き、『国体の本義』成立のきっかけとなった天皇機関説を明確に否定する。

「天皇はその機関に過ぎないという説のごときは、西洋国家学説の無批判的の踏襲という以外には何らの根拠はない」

さらに進んで、わが国は現御神《あらみかみ》すなわち現人神《あらひとがみ》である天皇が御親政《ごしんせい》を行う国であるとされ、帝国議会は次のように位置づけられる。

「議会のごときも、いわゆる民主国においては、名義上の主権者たる人民の代表機関であり、また君民共治のいわゆる君主国においては、君主の専横を抑制し、君民共治するための人民の代表機関である。わが帝国議会は、全くこれと異なって、天皇の御親政を、国民をして特殊の事項につき特殊の方法をもって、翼賛《よくさん》〔帝王を補佐〕せしめ給《たま》わんがために設けられたものに外ならぬ」

帝国議会は文部省により天皇親政の補佐機関と定義され、「議会主義」はここに公式に葬り去られた。一九四〇年には諸政党が自ら解散し、大政翼賛会が発足する。政友会は天皇機関説への攻撃により自ら墓穴を掘った。

「皇運の扶翼」が国民の使命となった

最後の「結語」は個人主義を徹底的に攻撃し、「皇国の道」を提示する。

「結語」は古今東西の思想を取り上げ、西洋思想は「個人主義的な人間解釈」ゆえに「全体性・具体性を失い、人間存立の真実を逸脱」してしまうなどと批判される。中国の儒教は「忠」や「孝」を説くことから「すこぶる価値ある教え」と評価されるが、その一方で「易姓《えきせい》革命・禅譲放伐《ぜんじょうほうばつ》」を含むため退けられる。これらは王朝の交代を認める思想で、万世一系の国体にそぐわないからである。

これも中国の老荘思想は「個人主義に陥った」と一蹴され、インドの仏教は「瞑想《めいそう》的・非歴史的・超国家的」とされる。

その一方、中国とインドの思想が日本で「醇化《じゅんか》（不純物の除去）」された歴史が強調される。儒教や仏教を輸入し、わが国に合うように作り変えてきた歴史である。これが西洋思想にも適用され、「自然科学およびその結果たる物質文化」はわが国にも有益であるとされる。

西洋思想から個人主義などの「不純物」を取り除く「醇化」の過程が長々と語られ、最後に物質的な部分が残る。これは有益とされ、自然科学や工学の軍事利用が想定されていたであろう。こうして西洋の「物質文化」とわが国独自の「国体」が残り、『国体の本義』は次の一文で結ばれる。

「国民は、国家の大本《おおもと》としての不易《ふえき》な国体と、古今に一貫し中外に施して悖《もと》らざる皇国《こうこく》の道とによって、維《こ》れ新たなる日本をますます生成発展せしめ、もっていよいよ天壌無窮《てんじょうむきゅう》の皇運《こううん》（皇室の運勢）を扶翼《ふよく》（お助け）し奉らねばならぬ。これ、我等《われら》国民の使命である」

抽象的で分かりにくいが「国民の使命」を定めている。その使命とは――日本をさらに発展させ、天地とともに永遠に続く天皇家の繁栄を国民みんなでお助けしよう――というものである。そして、この使命を成し遂げるにあたり、天皇を中心とする「国体」をよりどころとし、今も昔も国内外に広く行き渡らせて恥じるところのない「皇国の道」を指針にしようとの趣旨である。

こうして一九三五年に始まった天皇機関説の排撃は二年後、文部省発行『国体の本義』となって結実した。天皇家を頂点とする一大国民家族の繁栄が国家目標に据えられ、一連の運動をけん引したのは陸軍、政友会、文部省などであった。

真相不明の発砲が日中戦争の引き金となった

「皇運の扶翼」は軍部からみれば戦争による国土の拡張であり、実際、陸軍は新たな戦争を企画していた。

陸軍参謀本部の第二課は戦争指導を担う重要な部署である。満州事変を主導した石原莞爾が課長を務めた一九三六年（昭和十一）八月に同課は「戦争計画」を立案し、『太平洋戦争への道』の別巻資料編に収録されている。

計画によると第一の敵はソ連であった。対ソ戦に勝利し、北海道の対岸の沿海州、樺太北部を割譲させ、今日のモンゴルも支配する計画であった。中国がソ連側に立って参戦した場合は陸軍が防ぎ、米国が加わった場合は海軍が「敵主力艦隊を撃破」し、陸軍がフィリピンとグアムを占領する構想であった。

このように東京の陸軍中央はソ連との戦いを想定していたが、実際は中国と戦うことになり、きっかけは闇夜を切り裂いた数発の銃弾であった。『満州事変から日中全面戦争へ』などによる。

盧溝橋《ろこうきょう》事件により日中戦争が始まった。北京の近郊に架かる橋、盧溝橋の近くに天津軍（日本の支那駐屯軍）の部隊が駐屯していた。十四章で述べたとおり関東軍は華北へ進出し、天津軍も手柄を上げる機会をうかがっていた。

一九三七年七月七日の午後十時四〇分ごろ、盧溝橋付近で夜間演習中の天津軍部隊に十発ほどの銃弾が撃ち込まれた。一人の兵士が行方不明となったが、間もなく部隊に戻り、人的被害はなかった。日本側は誰が発砲したか解明しようとし、中国陣営への立ち入り調査を行うことになった。そこに八日午前三時半ごろ再び三発の銃声が夜空に響いた。

誰が発砲したか不明で、これも調査対象となりえた。しかし日本側は同日朝五時ごろに中国陣営への本格的な攻撃を開始し、ここに日中戦争の火ぶたが切られた。

七日、八日の発砲は今日なお真相不明である。しかし、これ以前にも小競り合いがたびたび生じ、総攻撃に打って出るほど重大な発砲ではなかった。

石原莞爾は日中戦争の拡大に反対した

石原莞爾は日中戦争勃発のとき二課など三つの課を束ねる参謀本部第一部長に昇進していた。石原にとり第一の敵はソ連であり、ソ連を打ち破る戦力を蓄えるため満州開発を急いでいた。このため石原は中国との戦線拡大に反対し、後日、参謀本部の調査に次のように答えている。

「対支〔対中〕戦争が長期戦となりソ連が対日参戦するようになれば、目下の日本はこれに対する戦争準備ができていない。しかるに責任者の中には満州事変のように今度の事変もあっさり片付け得るという通念をもつ者があったが、これは支那の国民性をわきまえないものである……中略……傍受電により孔祥熙《こうしょうき》〔国民党政府の財政の責任者〕が数千万円の武器注文をどしどしやるので、支那の抵抗決意はなみなみでないことを察知した。この際戦争になれば行く所まで行くと判断したので、極力戦争を避けたいと思っていた」『戦史叢書八六』

盧溝橋

満州事変を主導した石原は辺境の満州と中国主要部では中国側の抵抗がまったく異なることを認識していたが、これは陸軍内で共有されなかった。

『戦史叢書八六』により開戦後の動きをみると、当初は政府も参謀本部も不拡大の方針であった。しかし拡大派が勢いを増し、盧溝橋事件から三週間ほどの一九三七年〔昭和十二〕七月下旬、内地から三個師団が派遣された。八月には海軍主導で上海への派兵が行われた。満州事変の際の「第一次」に続く「第二次上海事変」と呼ばれる。政府は同月に不拡大方針を放棄し、以後、内地の師団が続々と中国に送られた。

地理的にみると、陸軍は華北において北京と天津を一九三七年七月中に支配し、十一月までに石家荘、太原などの要衝を攻略した。華中では陸海軍共同で激戦の末に上海を制し、十二月に首都南京を占領した。こうして日本軍が平野部で支配地を広げる一方、首都を奪われた国民党は山間部の重慶に本拠を移した。

十四章で述べたとおり陸軍は以前から華北に手を伸ばし、塘沽停戦協定、梅津・何応欽協定により小康状態となっていた。盧溝橋事件はこの侵略のエネルギーを解き放った。不拡大派の石原莞爾が関東軍参謀副長に左遷されるなど、拡大の歯止めも失われた。

『軍備拡張の近代史』によると一九三七年末に中国に投入された陸軍の兵員はおよそ五〇万人に上り、本土と朝鮮、満州を加えた全兵力は九五万人に達した。平時であった前年末の二四万人から四倍もの急膨張である。

日中戦争での支配地に「赤子」が移り住んだ

日中戦争は満州事変と異なって計画性を欠き、現地部隊が独自の判断で動く衝動的な戦いであった。

日中戦争勃発の際に総理大臣を務めた近衛文麿《このえふみまろ》は戦後に服毒自殺を遂げた。死後に手記『平和への努力』が発行され、次のように記されている。

「軍の方では、この支那事変（日中戦争）に対してどうも確固たる大計画が立っていなかったのではなかろうか。松井、杉山両将の言葉から推して考えて見ても、情勢に引きずられて、段々伸びて行ったもののように思われる。軍としては、別段われわれをだます意味はないのだろうが、実際のところ、こういう風に、はっきりした見通しがついていなかったようである。そこで軍の無計画性がうかがえる」

「松井」は上海派遣軍を率いた松井石根《まついいわね》陸軍大将、「杉山」は陸軍大臣の杉山元《すぎやまはじめ》大将であろう。

『戦史叢書八六』も「支那事変を全く予期せず無準備であった」ため「事変処理に関し一貫した方針がなく、行き当たりばったりの感を呈した」と評している。ある部隊が軍功を上げると他の部隊も競争心から出陣し、その一方、自軍に犠牲者が出ると弔い合戦の気運も高まる。こういう形でみるみる戦線が広がったようである。

計画的でなかったため食糧などを供給する兵站《へいたん》も整わず、わが軍は行く先々で物資を略奪し、市民に暴力を振るった。

一方、わが国の民間人も利益を享受した。「皇軍」が占領した土地に天皇の赤子《せきし》たちが移り住んだのである。『草の根のファシズム』において吉見義明が当時の資料に基づき太原の様子を描いている。

一九三七年（昭和十二）十一月に移入が始まった。

「日本軍侵入直後の太原にも、邦人が殺到した。その大半は軍隊相手の飲食店・カフェー・

料理屋・旅館などの接客業者と芸者・酌婦・女給・仲居・女中などであり、いずれも『前線的軽佻《けいちょう》享楽気分』にみちていたという。一獲千金を夢見る一旗組《ひとはたぐみ》やアヘン・モルヒネなどの禁制品を扱う密売業者も少なくなかった。治安の安定とともに、接客業者をうわまわる数の、華北交通会社や軍管理工場の職員・技術者とその家族が入ってきた。こうして、まず居留民会ができ、次に日本人学校が開校し、在郷軍人会ができ、消防組や国防婦人会分会ができる、というように、『邦人発展』の基礎が作られていった」

その一方、日本人の移入により「中国人の多くは工場・施設の接収で失職し、住居を追われ」た。わが国の警察組織である領事館警察でさえ「(中国人は)邦人に対し相当内面的悪感を抱き居るものあるやの傾向あり」と報告した。

蔣介石の抗戦決意

日中戦争は八年も続き、太平洋戦争とともに終了した。わが国の日中戦争への動員兵力は一九三七年末に五〇万人であったが、一九四〇年末には六八万人となり、本土などを合わせた総兵力は一三五万人に達した。日露戦争の動員兵力はおよそ一〇〇万人であったから、日中戦争は日露戦争以来の大戦争であった。

戦線拡大を進めた陸軍幹部は満州事変や日清戦争のような勝ち戦《いくさ》を想定していたであろう。しかし日中戦争はこれらとは根本的に異なる。日清戦争は朝鮮の覇権の奪い合いであり、中国自体の主権は脅かされていない。また朝鮮半島と満州の南端で戦われ、中国からみれば辺境であった。これに対し日中戦争では日本軍が中国主要部に深く侵入した。わが国に引き直せば大阪も東京も占領され、天皇も政府も東北の山地に逃れているような状態である。中国の軍民にとり民族の誇りにかけて譲れない戦いであり、戦争勃発直後の一九三七年七月に蒋介石が語った次の言葉が中国側の強い決意を象徴している。

「万一、ほんとうに避け難い最後の関頭《かんとう》〔瀬戸際〕に至ったならば、われわれには、当然、ただ犠牲となる道があるだけであり、ただ抗戦するのみである！……中略……ひとたび戦争が始まれば、弱国であるわれわれに妥協の余地はない。領土と主権を放棄するものは、たとえそれがどんなにわずかであろうとも、中華民族の千古《せんこ》〔永遠〕の罪人となる。われわれは、そのときこそ民族の生命のため、最後の勝利をめざさなければならない」『世界史史料』

十六章
日中戦争の泥沼化

赤子たちが南京占領を祝った

『国体の本義』は臣民が天皇に奉仕する国家像を打ち出したが、これ以前にも十二章冒頭で述べた「軍国主義」の伝統、十三章に記した「家族」と「赤子」の体系があった。『国体の本義』はこれらを補強し、一段と先鋭にした。天皇の名で命令が下されるや、臣民は黙々と従った。

これも十三章に記したように、永井荷風によるとわが国には「功名を競い死を顧みざる特種の気風」があり、清沢洌によると国民の八割は「『日本主義』を代表する大衆」であった。このため連戦連勝であった日中戦争初期、国民は勝利の知らせに小躍りした。『昭和ニュース事典』による。

南京占領の翌日の一九三七年（昭和十二）十二月十四日、占領を祝う提灯《ちょうちん》行列が皇居前で催され、多くの市民が集まった。中外商業新報（今の日本経済新聞）は次のように報じた。

「二重橋前を中心に三宅坂、霞ケ関一帯は文字通り大河のような灯《ひ》の流れ！　灯！　灯！　灯で埋め尽くされ、夜を忘れたかのようだった。二重橋前は行列以外にも個々に提灯をさげて万歳に来る家族連れが意外に多く、この夜の奉祝人員は百万に上った」

同月十七日に南京で入城式が行われた。大阪毎日新聞は首都南京の占領は日清、日露の戦勝を上回る快挙であるとし、次のように記した。

「きょうこの日の入城式の盛儀は敵の首都であり、皇軍の勇武と快速ぶりを世界に示す記憶すべきその式典なのだ」

入城式では「君が代」が吹奏されるなか日章旗が掲揚され、海のかなたの皇居に向けて「大元帥陛下万歳」が三唱された。この後の様子を同新聞は次のように報じた。

「全員粛々として東の方に向かって最敬礼、今ぞ赤子《せきし》が異郷はるか南京から捧げる最敬礼なのだ」

南京の将兵のみならず国内の赤子も皇居に向かって最敬礼したであろう。

南京を失った後、蒋介石の国民党は重慶に本拠を移した。わが軍は一九三八年十月に南部の広東を占領し、中国の主要都市をほぼ制圧した。しかし中国の人々は抵抗を続け、日清、日露両戦争のような講和には至らなかった。日中戦争は泥沼化した。

「民衆の台頭」が日中戦争を泥沼化した

泥沼化の要因はいくつかあり、一つには中国は国土、人口ともに巨大であった。日本軍にこれを支配する能力はなかった。もう一つ中国側には国民党と共産党の対立があった。両党は中国の統治権をめぐり争っていたが、日本軍に対抗するため休戦し、共同戦線を張った。しかし、片方が対日戦に力を注いで痛手を受けると、それだけ他党が有利になる。このため両党とも日本軍との全面対決を避けた。

そして最大の要因は「民衆の台頭」だろう。中国の歴史をさかのぼるとモンゴル族が元《げん》王朝、満州族が清王朝を打ち立て、どちらも少数民族が漢民族を圧倒した。日本の将軍たちもこの史実から大和民族による中国制覇を夢見たであろう。しかし、もはや時代が違った。中国共産党を率いた毛沢東《もうたくとう》は一九三八年五月、論文「抗日遊撃戦争の戦略問題」に次のように記した。

中国雲南省麗江市の毛沢東像

「われわれの敵〔日本軍〕は、おそらくまだ元朝が宋朝を滅ぼし、清朝が明朝を滅ぼし、イギリスが北アメリカとインドを占領し、ラテン系の諸国が中南米を占領したときのような甘い夢をみているのであろう。そんな夢は、こんにちの中国ではもはや現実的な価値はない」『毛沢東選集第二巻』

辛亥革命により漢民族が清王朝を打ち倒し、七章で述べた五・四運動では民衆が日本の進出に激しく抗議した。二〇世紀の中国民衆はかつてとは異なり民族意識に目覚めていた。民族意識を背景として粘り強く抵抗し、日本軍による略奪や暴行が抵抗の決意をさらに固めた。

英米は植民地の自立を許容した

英国と米国は日中戦争のころ植民地から手を引き始め、背景には人権意識やコスト意識があった。インドは英国の植民地であった。しかし、マハトマ・ガンディーに率いられた民族運動が高まり、これを受けて一九三五年に新たなインド統治法が制定された。国家的権限は英国が握るものの、インド人の州議会と州内閣が地方自治を担った。大戦後の独立運動を経て、インドは一九四七年に独立を果たす。『南アジア史』などによる。

米国は米西戦争（一八九八年）に勝利し、スペイン領であったフィリピンを植民地とした。しかし、米国でリベラル派の民主党が政権を担う時期を中心に、フィリピンは漸進的に自立への道を歩む。一九一六年にフィリピン自治法が制定され、一九二一年には政府職員の九六％をフィリピン人が占めた。十年後にフィリピンを独立させるタイディングズ・マクダフィ法が一九三四年に成立し、太平洋戦争でわが国に占領された後、一九四六年にフィリピン共和国が誕生した。『東南アジア史Ⅱ』による。

わが国と英米両国の植民地政策は正反対に向かい、背景の一つとして民主主義国と「残された帝国」の相違を指摘できる。

英米では国民一人ひとりが主権者で、「人権」の思想も普及していた。植民地の人々にまで人権を広げると、人々の主権の容認、さらには民族国家としての自立の容認へつながる。

これに対し、わが国では天皇が主権者であり、人権の思想も普及していなかった。人権や自由よりも海外の土地や富を奪う行為がたたえられた。最たる例は満州事変と五・一五事件である。政党政治という民主的な営みが崩れるなか、人々は満州占領に歓喜しつつ総理大臣の射殺犯の減刑を求めた。

コスト意識が植民地の放棄を促した

民族意識の高まりは植民地支配のコストを高め、これも植民地の放棄を促した。

英米両国は資本主義が高度に発達した先進国であり、わが国は後進国であった。英米では産業界や金融界の「資本家」が強い発言力をもち、彼らは経営者として常にコストを意識した。軍備は国家全体からみてコストであり、このコスト意識が植民地を放棄させた。

「民主主義」や「民族自決」が普及していない時代、異民族の支配は容易であった。支配する者とされる者の間に明確な一線があり、支配される側からみると支配者が同じ民族であろうと異民族であろうと大きな差はなかった。民族の相違よりも身分の相違の方が大きく、人々は異民族支配を今日ほど嫌悪しなかった。

近代以前は東西ともに右のような社会であったが、二〇世紀には様変わりしていた。庶民の教育水準が高まり、新聞などの普及により民主主義や民族自決の思想も広まった。人々は民族の違いを強く意識するようになった。これに対抗して異民族を統治しようとすると強力な軍隊や警察が必要となり、それだけコストが増える。コスト意識の高い英米の指導者たちはこれを嫌い、武力による異民族支配を次第に放棄した。

日本でも九章で述べたように軍縮が実現した。しかし、わが国は後進の資本主義国で、軍人に代表される封建勢力のほうが強かった。資本家が支える「議会主義」を「軍国主義」が圧倒し、軍事力はコストではなく目的となった。そして、この目的を正当化するため二次の「国体明徴声明」、『国体の本義』などによる思想統制が進んだ。

日中戦争による国民生活の切り下げ

日中戦争の泥沼化は大きな重荷となり、国民生活が切り下げられた。

『昭和ニュース事典』によると、戦争開始から五か月の一九三七年（昭和十二）十二月、軍服の需要増などから木綿が不足し、国内の衣料にスフの混用が強制された。スフは木材を原料とする人造繊維で、水や熱に弱い低品質の素材である。また軍靴などの需要増から牛革《ぎゅうかわ》が不足し、東京朝日新聞は一九三八年七月、革靴の製造に馬や豚ばかりか鯨や鮫《さめ》の皮まで用いられると報じた。

物資の流通量が減ると価格が上昇する。これを防ぐため各家庭に均等に物資を割り当てる切符制が導入された。日中開戦から三年近い一九四〇年六月に砂糖とマッチに切符制が導入され、八月には木炭にも適用された。当時は木炭が主な燃料であった。同年七月には「ぜいたく品」の製造が禁止され、和洋の高級な衣服、指輪やイヤリング、象牙製品などが含まれた。

生活様式の見直しも進められ「国民精神総動員運動」と呼ばれた。一九三九年六月に学生の長髪が禁止され、パーマネント事業者の団体が華美なパーマネントの自粛を申し合わせた。飲食店や遊技場の営業時間の短縮、ネオンサインの抑制なども取り決められた。一九四〇年八月には冠婚葬祭の簡素化が当局から通達され、花嫁の振り袖着用、葬儀における香典や花輪の提供などが禁じられた。

『近代日本経済史要覧』に掲載された経済企画庁（今は内閣府の一部）の推計によると、わが国全体の支出に対する個人消費支出の割合は一九三〇年に七六％であった。しかし戦時色の深まりとともに一九三五年に六五％、一九四〇年に四九％へと著しく減少した。

右から分かるように日中戦争は非常に大きなコストであった。しかし、わが国はこのコストを切り捨てることなく、国家主義をよりどころに中国制覇を目指した。

「基本国策要綱」は世界制覇を目指した

欧州では一九三九年九月に第二次世界大戦が始まった。ドイツ軍が破竹の勢いで進撃し、一九四〇年六月にパリを陥れた。この快進撃に呼応して一九四〇年（昭和十五）七月、日本では軍部主導で「世界情勢の推移に伴ふ時局処理要綱」（以下、時局処理要綱）が策定された。

この要綱は対外政策の方針を示し、非公表であった。要約すると――日中戦争での勝利を期するとともに、日中戦争の状況をにらみつつ東南アジアに進出する。進出により英国との戦争は不可避となるが、米国との対決は避けたい――となる。東南アジア一帯は英国、フランス、オランダなどの植民地であったが、後者の二国はすでにドイツに降伏し、主敵は英国のみであった。英国が欧州でドイツに応戦している間に進出しようという、小ずるい国策である。その一方で英国の背後に控える米国との対決は避けたいとする、甘い期待が示された。

「時局処理要綱」は非公表のため陸海軍の本音が表れていたが、国民向けには一九四〇年八月、政府から「基本国策要綱」が発表された。これも軍部が主導し、「時局処理要綱」とは正反対の雄大な構想が示された。『昭和ニュース事典』の新聞記事から引用する。

「基本国策要綱」によると「皇国の国是は、八紘《はっこう》を一宇《いちう》とする肇国《ちょうこく》〔建国〕の大精神に基づき世界平和の確立を招来すること」であった。十四章で述べた二・二六事件の「蹶起趣意書」と同様に「八紘一宇」が用いられ、この精神により世界平和を確立しようと国民に呼びかけた。

この文脈での「世界平和」は「世界制覇」と同義で、最初の目標は日本、満州、中国における「大東亜の新秩序」の実現であった。日中戦争が続いていたから、まず国民党政府を倒さねばならない。その方策として「国家総力発揮の国防国家体制」の構築、『国体の本義』による国民道徳の確立などが打ち出された。

第二次近衛文麿内閣の時期で、外務大臣は国際連盟脱退で知られる松岡洋右であった。次のような外相談話を発表し、「大東亜共栄圏の確立」を外交方針に据えた。

「私は年来皇道《こうどう》を世界に宣布《せんぷ》することが皇国の使命であると主張して来た者でありますが、国際関係より皇道を見ますれば、それは要するに各国民、各民族をして各その処《ところ》を得せしむることに帰着すると信ずるのであります。すなわち我が国現前の外交方針としてはこの皇道の大精神にのっとり、まず日、満、支をその一環とする大東亜共栄圏の確立を図るにあらねばなりませぬ」

「宣布」は「あまねく行き渡らせる」の意で、談話の前段は『国体の本義』に示された「皇道」を世界中に広げ、諸国、諸民族の上にわが国が立とうとの決意を示している。その第一段階として「大東亜共栄圏の確立」が打ち出された。

「民衆の台頭」に伴うコスト増に直面し、英米両国は植民地から手を引き始めていた。この時期にわが国指導層は「皇道」による「世界制覇」の夢を国民に振りまいていた。

終章
「残された帝国」の滅亡

米国の経済力はわが国の十二倍だった

「基本国策要綱」で「世界制覇」の夢が示された後、わが国は米国との対立を深めた。一九四〇年（昭和十五）九月、日本軍はフランスの植民地であった北部仏印（今のベトナム北部とラオス）に進出し、日独伊三国同盟も結ばれた。これ以前の日独伊防共協定はソ連を仮想敵国としていたが、三国同盟は不特定の国を対象とし、米国も含まれた。

一年余り後に真珠湾攻撃が敢行されるが、日米の国力には歴然たる差があった。『軍備拡張の近代史』は一九四一年の開戦時、四五年の終戦時について両国を比較している。開戦時の兵員総数は日中戦争の渦中にあったわが国の方が多かった。しかし、米国の人口はわが国の二倍近く、終戦時の兵員総数は米国がわが国の一・五倍であった。経済力は国民総生産でみて開戦、終戦時とも米国がわが国の十二倍、粗鋼生産量はそれぞれ十二倍、四〇倍であった。石油の国内生産量はそれぞれ七七七倍、一二二一倍もの開きがあった。

『臣民の道』は国家への奉仕を国民に求めた

物質的には米国がわが国を圧倒し、この開きを埋めるため精神主義が強調された。代表的な例は文部省教学局が一九四一年（昭和十六）三月に発行した『臣民の道』である。全国の学校に配布され、児童・生徒に教え込まれた。一般向けにも販売された。

『臣民の道』は『国体の本義』と重複する内容も多いが、第三章に臣民が心がけるべき事項が具体的に示され、これが特色である。

第一章「世界新秩序の建設」をみると、ソ連、ドイツ、イタリアとわが国が比較され、天皇中心の国家観が改めて確認される。

「これら〔右の三国〕に対し我が国は肇国《ちょうこく》〔建国〕以来、万世一系の天皇の御統治の下に……中略……すべては天皇に帰一《きいつ》〔収束〕し、御稜威《ごりょうい》〔天皇の威光〕によって生かされ来たったのである」

これに続いて八紘一宇《はっこういちう》が強調される。

「我が国家の理想は八紘〔世界〕を掩《おお》いて宇《う》〔家〕となす肇国の精神の世界的顕現にある。我が国のごとく崇高なる世界史的使命を担っている国はない」

わが国こそ世界制覇を達成する国だとされ、そのためには米国を打ち倒すほかにない。

これらの思想を受け、第三章「臣民の道の実践」において臣民が果たすべき行動が具体的に示される。心身の鍛錬について次のように述べている。

「長期建設に耐えるためには、精神の錬磨と共に、国民各自が真剣に体力の増進を工夫する必要がある……中略……身心の鍛錬は、皇国臣民としての徳性と一致し、皇国の道にのっとり国運の進展に寄与し得るものであって始めて、真の修練となり得るのである」

「長期建設」「国運の進展」は世界制覇への道を指すと思われ、言外の意図をくみつつ簡明にすると――皇国が世界制覇を成し遂げる戦争のために心身を鍛えろ――となろう。

さらに生活のすべてを国家と天皇にささげることが求められる。

「私生活をもって国家に関係なく、自己の自由に属する部面であると見なし、私意をほしいままにするが如きことは許されないのである。一椀《ひとわん》の食、一着の衣といえども単なる自己のみのものではなく、また遊ぶ閑《ひま》、眠る間といえども国を離れた私はなく、すべて国とのつながりにある。かくて我らは私生活の間にも天皇に帰一し国家に奉仕するの念を忘れてはならぬ」

最後の「結語」で戦線を中国から世界へ広げる方針が示され、この戦いは神聖なる「聖業」とされる。

そして次のように文書全体が結ばれる。

「今こそ我ら皇国臣民は、よろしく国体の本義に徹し、自我功利の思想を排し、国家奉仕を第一義とする国民道徳を振起し、よく世界の情勢を洞察し、不撓不屈《ふとうふくつ》、堅忍持久《けんにんじきゅう》の確固たる決意を持して臣民の道を実践し、もって光輝ある皇国日本の赫奕《かくえき》たる〔光り輝く〕大義を世界に光被《こうひ》せしめ〔光のように広く行き渡らせ〕なければならぬ」

簡明にまとめると——臣民は個人主義に陥ることなく国家に奉仕し、忍耐強く臣民の道を実践し、輝かしい皇国日本の理想を世界に広めなければならない——となる。こうして『臣民の道』は大日本帝国全体として世界戦争に臨む決意を述べ、苦難に耐える覚悟を臣民に求めた。

国民の多くが戦争や統制を支持した

今日からみると『臣民の道』は精神主義で満たされ、むなしい虚勢のように思える。しかし、当時の国民の意識は『臣民の道』から大きくは離れていなかった。

子供たちは『国体の本義』や『臣民の道』に基づく教育を受け、国家主義に染め上げられた。『日本人の履歴書』によると「戦争ごっこ」が遊びの首位を占め、幼い子供たちに「陸軍大将や海軍大将の希望をいだかせるほどの軍人熱」であった。やや長じた子供たちは将校を養成する陸軍士官学校、海軍兵学校の「生徒となったさっそうとした晴れ姿」を夢見たという。また今日、リベラルな人々の口からも「当時は国のために死ぬのが当たり前で、私も子供心にそう決心していた」「戦争に批判的な大人の話を聞いて反発を感じた」などの発言が聞かれる。

大人も同様であった。世論調査は今日盛んであるが、戦前は数少なかった。そのなかで月刊雑誌の『文藝春秋』は一九三九年（昭和十四）十二月、首都圏に住む読者に調査票を送付して世論調査を行った。六九六名から回答を得て、一九四〇年一月号に結果が発表された。日中戦争の泥沼化により国民の生活水準は低下していたが、闘志は衰えていなかった。

経済統制について「統制を一層強化すべきか」との問いがあり、「強化に賛成」が六六％と三分の二を占め、「反対」は三三％であった。政治面をみると「対米外交は強硬に出るべきか」との質問に対し、「強硬に出る」との回答が六二％、「強硬に出るのはよくない」が三七％であった。「政党の復活に期待するか」には「期待する」が四三％、「期待せず」が五五％であった。

『文藝春秋』の読者層は比較的高学歴であったため、国民全体の意識はこれよりもさらに軍部寄りであったろう。当時の国民は生活の困難に耐えながら日中戦争を遂行し、対米関係の悪化も辞さない構えであった。政党への期待も小さかった。

全国大学教授聯盟輿論研究会《れんめいよろん》も一九四〇年七月に対米関係について調査を行った。『輿論と世論』による。

東京大学、早稲田大学など都内十大学の学生の父兄に調査票が送られ、一万一八〇〇人近くから回答が寄せられた。「日本が蘭印《らんいん》の資源確保のために米国がこれを妨げる場合、日米戦争を辞せざるや」との質問に対し「〈戦争〉遂行論者」が「回避論者」の四・九倍もの多数を占めた。「蘭印」は「オランダ領インド」の意で、今日のインドネシアにほぼ相当する。この調査についても十大学の学生の父兄は社会の上層に位置するとみられ、国民全体として圧倒的に対米開戦を支持していたことになる。

人々は催眠状態に陥った

世論調査に回答した人々は日米の国力の差をある程度は認識していたであろう。また、わが国は日中戦争によりすでに十分疲弊していた。米国まで敵に回すのは無謀以外の何物でもなく、冷静に考えれば、敗戦必至であった。それにもかかわらず人々は対米開戦を支持し、わが国は実際、開戦に踏み切った。

結果が分かっている今日からみると、何とも不可解である。しかし、当時を振り返ると、いくらか理解できるようにも思える。まず当時の社会はもともと「家族」と「赤子」の体系にすっぽり包まれ、軍国主義も根を張っていた。ここに満州事変が起きて軍部への評価が一気に高まり、天皇機関説事件をきっかけとして天皇中心の国家主義が強化された。今とは時代が違った。

こう考えるといくらか不可解も和らぐが、やはりすっきりしない。序章で述べたとおり、当時を生きた竹山道雄には人々の言動が「神がかり」や「痴呆」と映った。なぜ「神がかり」がまかり通ったのだろうか?

手がかりとして中島健蔵《なかじまけんぞう》が一九五七年に著した『昭和時代』をみよう。竹山と同じ一九〇三年（明治三六）に生まれたフランス文学者である。

第二次国体明徴声明に芟除《さんじょ》（刈り取り）という言葉が用いられたと十四章で述べた。中島によると人々は「芟除」に恐れおののき、やがて「催眠状態《さいみん》」に陥った。

国体に反する発言や行動をすると官僚の「芟除」の手が伸びてくる。

「国家権力が全面的にその方向に動き出して、組織的な活動を開始しているのである。官僚各自は、必ずしも狂信者ではなかった。しかし、例外なく、彼らは職務として疑わしいものを摘発しなければならない。そうでないと、自分の身が危うくなる」『昭和時代』以下同
「芟除」するうちに官僚たちは極端な国家主義に染まり、他の人々も同様であった。

「自分はそんな狂信的なものとは縁がないと思っていた人々も、何度となく表面的な承認のことばを口に出しているうちに、一種の催眠状態に陥っていた」

そして集団的な催眠状態に達した。

「告発や密告がむやみに多くなって来た。多かれ少なかれ一種の催眠状態に陥りながら、覚めた部分が残っている人間は『覚めた半分』の苦悶を味わっていたのである」

社会全体が一つの方向に動くとき、個人は無力である。疑問を抱きつつ全体に引きずられ、これが中島には催眠状態と映った。そして、この極端な国家主義や軍国主義の背景に「帝国崩壊への恐怖」があったのではないかと筆者は考えている。九章で述べた「残された帝国」の崩壊である。

共産主義への恐怖が軍国主義を呼んだ

わが国の指導層や知識人は「社会主義」「議会主義」「軍国主義」により「民衆の台頭」に対応し、最後

に軍国主義が残った。十一章の末尾で述べたように四・一六事件（一九二九年）により社会主義は著しく後退した。しかし、ソ連の存在感は大きく、社会主義もしくは共産主義への恐怖は消えなかった。わが国の指導層や保守派はその影におびえた。

軍国主義により攻撃的になれば、恐怖を忘れることができる。天皇への畏敬の念が続く限り、国民は社会主義に走らない。また国家主義を強めれば強めるほど、天皇に近い人々の地位は高まり、これは快感であり、陶酔でもあったろう。こうして攻撃性と陶酔により恐怖を抑え込んでいるうちに「催眠状態」に陥った。恐怖の例を引こう。

近衛文麿は一九三三〜三五年のいずれかと思われる夏季にジャーナリストの室伏高信《むろぶせこうしん》の取材を受け、次のように語った。

「支那《しな》（中国）の赤化を考えていやしないですか、陸軍はこれを恐れているのです。日本が十分の陸軍をもっていないと支那の赤化が来たるじゃあないかということを」『史話日本の歴史三三』

中国では国民党と共産党が争っていた。国民党は社会主義ではなかったが、天皇制のわが国からみると十分に「赤化」していた。

北一輝《きたいっき》は国家主義の思想家で、二・二六事件の首謀者の一人として銃殺刑に処された。一九三六年三月に行われた取り調べの「聴取書」が残され、五回の聴取のうち四度も北は大日本帝国の崩壊を懸念している。三月十九日に次のように陳述した。

「〔次の〕戦争中または戦争末期において、ロシヤ帝国、ドイツ帝国のごとく国内の内部崩壊を来たすような事がありましては、三千年光栄ある独立も一空に帰する事となります。この点は四、五年来ようやく世の先覚者の方々が認識して深く憂慮しているところであります」

『現代史資料五』

「ロシヤ帝国、ドイツ帝国」の崩壊については七章に記した。

作家の武者小路実篤《むしゃのこうじさねあつ》は戦後、雑誌『新生』の一九四六年一月号に「マッカーサー元帥に寄す」を寄稿し、次のように記している。『武者小路実篤全集』から引用する。

「〔共産党の〕闘争性が、過去においては右翼運動を生んだのです。日本に非常識な軍閥が起こり得たのは、国民の大部分が性急な共産党のやり方に恐怖を感じ過ぎたからです。この事実はもうご存じと思います。その恐怖がなければ日本はドイツと仲よくはならなかったでしょう……中略……〔恐怖を一部の野心家が〕うまく利用して、満州事変が起こったのだと思います。左へ対する恐怖症から右にゆきすぎたのではないかと思います。今度は右へ行きすぎた結果、日本が世界を相手にしなければならなくなり、見ぢめに敗れたのです」

武者小路実篤

「民衆の台頭」が「残された帝国」を葬り去った

共産革命が起きると、天皇を取り巻く指導層はその地位を失い、財産や生命すら危うくなる。この恐怖感から彼らは社会主義を封じ込め、議会主義も押し止めた。そして、十三章末尾で述べた「『日本主義』を代表する大衆」の心情や「家族」と「赤子」の体系を活用し、「民衆の台頭」に内在する活力を軍国主義と国家主義に導いた。「残された帝国」を「民衆の台頭」から守った。

しかし右は国内のみである。中国では人々が日本軍に抵抗し、ヨーロッパでは民主主義諸国や社会主義ソ連がドイツ軍と戦った。毛沢東は大戦前の一九三八年に発表された論文「持久戦論」に次のように記している。『戦略論大系七』から引用する。

「それ〔日本〕はまもなく死滅しようとしている帝国主義であり、既に退歩の時代にあり、それはインドを滅ぼした当時のイギリスがまだ資本主義の進歩の時代にあったのとは異なるばかりでなく、二〇年前の第一次世界大戦時の日本とも違っている。このたびの戦争〔日中戦争〕は、世界の帝国主義の、まずファシスト諸国の大崩壊の前夜に起こったもので、敵は、まさにこのために、最後のあがきの性質を帯びる冒険的戦争を行っているのだ。したがって、戦争の結果、滅亡するのは中国ではなく、日本帝国主義の統治集団のほうであり、これは避けがたい必然性をもっているのである」

民族自決に目覚めた中国の民衆が「残された帝国」を主導する日本陸軍を苦しめ、民主主義の大国である米国は日本への不信感を募らせた。その一方、わが国の指導層は国民に大東亜や世界を制覇する夢を振りまき、そのため日中戦争をやめられなくなった。

米国は日本政府に中国からの撤兵を要求していた。しかし多くの国民が「神々に守られた皇軍が中国ごときに負けるはずがない」と信じていた。「今まで我慢して戦ってきたのに、今さらやめられるか」との思いも強かっただろう。こんな状況で撤兵すると前線の兵士や国民への裏切りになってしまう。夢を奪われた民衆の失望はほどなく怒りに変わり、指導層への総攻撃となって噴出したであろう。

最初は「民衆の台頭」を恐れた指導層が国民を軍国主義に導いた。ところが、いつの間にか主客転倒し、軍国主義に染まった日本の民衆が指導層の退路をふさいでしまった。そして中島健蔵が述べたように、虚勢を張っているうちに人々は催眠状態に陥り、合理的な判断力を失った。

こうして自縄自縛に陥った大日本帝国は勝つ当てのない太平洋戦争に乗り出し、敗れ去った。世界的な「民衆の台頭」が「残された帝国」を葬り去ったのである。

この「民衆」は山県有朋に始まる指導者たちが恐れに恐れた日本の民衆ではなかった。民族自決に目覚めた中国の民衆であった。民主主義のために銃をとった米国の民衆であった。

参考文献一覧

書籍、論文、ウェブサイトに分け、書籍は書名、論文は氏名を行頭に記し、五十音順に配列した。

書籍

あ行

『明日の政権を擔ふ人々』小林友治、小冊子書林、一九三五年
『一老政治家の回想』古島一雄、中央公論社、一九五一年
『イデオロギーとしての家族制度』川島武宜、岩波書店、一九五七年
『宇垣一成の歩んだ道』渡邊茂雄、新太陽社、一九四八年
『宇垣日記』宇垣一成、朝日新聞社、一九五四年

か行

『解明・昭和史』筒井清忠編、朝日新聞出版、二〇一〇年
『革命とナショナリズム』石川禎浩、岩波新書、二〇一〇年
『韓国併合』海野福寿、岩波新書、一九九五年
『近代国際経済要覧』東京大学出版会、一九八一年
『近代国家への模索』川島真、岩波新書、二〇一〇年
『近代日本経済史要覧』第二版、安藤良雄編、東京大学出版会、一九七九年
『草の根のファシズム』吉見義明、東京大学出版会、一九八七年
『軍備拡張の近代史』山田朗、吉川弘文館、一九九七年
『現代史資料五』みすず書房、一九八二年
『現代史資料四二』みすず書房、一九七九年
『五・一五事件』小山俊樹、中公新書、二〇二〇年
『皇道楽土の建設』津田光造、軍事教育社、一九三三年
『国史大辞典』吉川弘文館、一九七九〜九七年
『國體の本義』文部省、一九三七年

さ行

『財政史』鈴木武雄、東洋経済新報社、一九六二年
『細雪』谷崎潤一郎、中公文庫、一九八三年
『重光葵外交回想録』重光葵、毎日新聞社、一九五三年
『事典　昭和戦前期の日本』百瀬孝、吉川弘文館、一九九〇年
『昭和史講義』筒井清忠編、ちくま新書、二〇一五年
『昭和時代』中島健蔵、岩波新書、一九五七年
『昭和史を語る一』木村時夫、早稲田大学出版部、一九八五年

『昭和ニュース事典』毎日コミュニケーションズ、一九九〇〜九四年
『昭和の精神史』竹山道雄、中公クラシックス、二〇一一年
『史料明治百年』朝日新聞社、一九六六年
『史話日本の歴史三三』作品社、一九九一年
『新版近代日本政治史』松山治郎、白桃書房、一九七六年
『臣民の道』文部省教学局、一九四一年
『新訳共産党宣言』的場昭弘、作品社、二〇一八年
『政党政治と天皇』伊藤之雄、講談社、二〇〇二年
『世界史史料』第十巻、歴史学研究会編、岩波書店、二〇〇六年
『世界史の中の日露戦争』山田朗、吉川弘文館、二〇〇九年
『世界大百科事典』平凡社、二〇〇七年
『世界歴史大事典』教育出版センター、一九八六年
『世界をゆるがした十日間』ジョン・リード著、原光雄訳、岩波文庫、一九五七年
『戦史叢書八六』防衛庁防衛研修所戦史室、朝雲新聞社、一九七五年
『戦略論大系七』戦略研究学会編、芙蓉書房出版、二〇〇四年
『総力戦とデモクラシー』小林啓治、吉川弘文館、二〇〇八年

た行

『第一次世界大戦』木村靖二、ちくま新書、二〇一四年
『大正史講義』筒井清忠編、ちくま新書、二〇二一年
『大正ニュース事典』毎日コミュニケーションズ、一九八六〜八九年
『対談昭和史発掘』松本清張、文春新書、二〇〇九年
『太平洋戦争への道』日本国際政治学会太平洋戦争原因研究部、朝日新聞社、一九八七〜八八年
『治安維持法』中澤俊輔、中公新書、二〇一二年
『中国歴史地図』朴漢済、平凡社、二〇〇九年
『朝鮮史』武田幸男編、山川出版社、一九八五年
『帝国主義と民本主義』武田晴人、集英社、一九九二年
『摘録断腸亭日乗』永井荷風、岩波文庫、一九八七年
『東南アジア史II』池端雪浦編、山川出版社、一九九九年

な行

『西アジア史』前嶋信次編、山川出版社、一九七二年
『日清・日露戦争』海野福寿、集英社、一九九二年
『日清・日露戦争』原田敬一、岩波新書、二〇〇七年
『日本海軍史』海軍歴史保存会、第一法規出版、一九九五年

『日本外交史概説』三訂版、池井優、慶應義塾大学出版会、一九九二年
『日本近現代史辞典』東洋経済新報社、一九七八年
『日本近現代人名辞典』吉川弘文館、二〇〇一年
『日本近代化のジレンマ』ジェームズ・W・モーリ編、小平修ほか訳、ミネルヴァ書房、一九七四年
『日本国政事典』日本図書センター、一九八七年
『日本史大事典』平凡社、一九九二〜九四年
『日本社会運動史』塩田庄兵衛、岩波全書、一九八二年
『日本人の履歴書』唐澤富太郎、読売新聞社、一九六七年
『日本政治史』信夫清三郎、南窓社、一九七六〜八二年
『日本長期統計総覧』日本統計協会、一九八七〜八八年
『日本の下層社会』横山源之助、岩波文庫、一九八五年
『日本の名著四四』中央公論社、一九七四年
『ニュースで追う明治日本発掘』鈴木孝一編、河出書房新社、一九九四〜九五年

は行

『白系ロシア人とニッポン』ポダルコ・ピョートル、成文社、二〇一〇年
『原敬傳』前田蓮山、高山書院、一九四三年
『ブリタニカ国際大百科事典』ティビーエス・ブリタニカ、一九七二〜七五年
『平易なる皇室論』永田秀次郎、敬文館、一九二一年
『平和への努力』近衛文麿、日本電報通信社、一九四六年
『歩兵第八聯隊史』歩兵第八聯隊史編纂委員会、一九八三年

ま行

『満州事変から日中全面戦争へ』伊香俊哉、吉川弘文館、二〇〇七年
『満州事変・支那事変』河野収編、同台経済懇話会、一九九五年
『南アジア史』辛島昇編、山川出版社、二〇〇四年
『武者小路実篤全集』第十五巻、小学館、一九九〇年
『明治ニュース事典』毎日コミュニケーションズ、一九八三〜八六年
『毛沢東選集第二巻』外文出版社、一九六八年

や行

『輿論と世論』佐藤卓巳、新潮選書、二〇〇八年

ら行

『ロシア史』和田春樹編、山川出版社、二〇〇二年

論文

・志賀義雄「半世紀にわたる天皇制との闘い」『現代の理論』一九八九年六月号（同誌一九七二年十月号から再録）
・文藝春秋編集部「國民はかう思ふ」『文藝春秋』一九四〇年一月号
・松尾尊兊「三・一運動と五・四運動」（前掲『大正ニュース事典』第四巻所収）
・松下芳男「軍閥と彼等の迷想」『建設者』一九二三年八月号（『近代日本思想大系三四』筑摩書房、一九七七年所収）
・水野広徳「軍備縮小と国民思想」『中央公論』一九二二年一月号
・山梨半造「諸君の緊張すべき秋」『戦友』一九一八年十二月号

ウェブサイト

・総務省「市町村数の変遷と明治・昭和の大合併の特徴」「目で見る投票率」

前田啓一（まえだ けいいち）
1955年兵庫県生まれ。出版社勤務、在シカゴ日本国総領事館専門調査員などを経てフリーライターとなり、経済分野を中心に執筆。
著書に『黒船の思想 上巻』『軍人たちの大阪城』『木綿リサイクルの衰退と復活』(以上ブックウェイ)。『暗がり礼賛』『明治サムライ時代論』(以上、学術研究出版)。
兵庫県在住。ホームページはmaeda513で検索。

写真出典：19、22、62、157、164ページはAdobe Stock、他はすべて国立国会図書館ウェブサイト「近代日本人の肖像」

民衆《みんしゅう》対《たい》陸軍《りくぐん》　太平洋戦争の原因は「民衆の台頭」だ！

2023年7月23日　初版第1刷発行

著　　者　前田啓一
発 行 人　湯川祥史郎
発 行 所　学術研究出版
〒670-0933　兵庫県姫路市平野町62
https://arpub.jp
発 売 所　株式会社出版文化社
〈東京カンパニー〉
〒104-0033　東京都中央区新川1-8-8　アクロス新川ビル4階
TEL：03-6822-9200　FAX：03-6822-9202
〈大阪カンパニー〉
〒541-0056　大阪府大阪市中央区久太郎町3-4-30　船場グランドビル8階
TEL：06-4704-4700(代)　FAX：06-4704-4707
〈名古屋支社〉
〒456-0016　愛知県名古屋市熱田区五本松町7-30　熱田メディアウイング3階
TEL：052-990-9090(代)　FAX：052-683-8880

印刷・製本　小野高速印刷株式会社

ISBN978-4-88338-711-3　C0021